合理的な経済人と風を読む投資家

時間の流れる市場が織りなす物語

亀川雅人［著］

文眞堂

プロローグ

本書は、経済学や経営学を学びながら、資本という概念について記述したエッセイです。メソドロジーとでも言うべき内容も含みますが、私自身は、その方面の専門家ではありませんので、自分の研究に関わる疑問などを紹介しています。

社会科学の主役は人間ですが、人間の一側面を捉えることで抽象化した理論になります。人間は、独立した個人として捉えることができますが、社会は多様な人が集まっているために、個人の単純なモデルを集計するだけでは理解できません。

特に、市場経済を中心とした経済活動になると、消費者と企業という組織による相互作用が問題になります。この関係は、経済学では需要と供給という市場の理論の中で捉えられます。標準的な経済学は、個人の合理性に依拠して理論を構築していますが、経営学の人間は、様々な条件が課せられ、合理的な意思決定をしたくても、組織や環境の影響を受けるために、自由な意思決定ができない存在です。

組織の意思決定には権力が必要になりますから、権力者の意思決定についても考えねばなりません。国家権力は、市場や企業経営にも影響を及ぼすことになります。

環境が変化する中で、人間は他人に依存して意思決定をします。自己責任ではなく、人間の集合体である組織の決定に従います。消費者は企業から提供される情報で商品を購入し、資本家や労働者は、経営者の意思決定で自らのポジションや評価を変えることになります。

本書は、こうした多様な人間を資本と市場という切り口で考察しようとしています。エッセイですから、仮説は仮説のまま議論を進めています。実際のデータで検証することはありません。暗黙裡にいくつかの仮定をおいて説明することもあり、論理の飛躍や曖昧な表現があると思います。社会科学は、言葉の定義が曖昧なために誤解を生じます。同じ言葉を使用しても、異なる意味内容で議論をすれば無用な論争に発展します。このエッセイも、無用な混乱に導いてしまうかもしれません。

しかし、明確に定義された理論であっても、データに基づく実証研究には限界があります。実証可能なデータには、常に観察者の主観が入り込んでいます。その上、仮説の証明は時間の経過を伴います。特定事象を説明するために、他の社会事象を止めることはできません。厳密な議論は限定された問題しか扱えませんが、それでも曖昧で不確かな部分が残されるでしょう。それは人間が物事を考える上での限界かもしれません。

本書では、仮説検証というような科学的手続きに則った議論はしませんが、混乱を避けるために、できるだけ具体的事例で説明しています。

私の主要な関心事は、企業資本の問題です。資本理論や市場理論の観点から考察しますが、両者は別々に論じることができません。市場は、自分（主体）と他人（客体）の世界を描写する概念です。合理的な個人という閉鎖的な世界では財・サービスを評価する必要はありません。資本理論は、自分と他人を含む過去と未来の市場活動を評価する理論です。

新古典派経済学（Neoclassical Economics）は、現在の経済学の主流派を形成しています。そこで想定する市場均衡の理論は、最適資源配分のための価格決定論という枠組みで論じます。人気のある財やサービスの価格が高くなり、不人気な財やサービスの価格が下落します。高い価格の商品は生産者にとっては魅力的です。利潤を得られるからです。一方、価格が下落すれば、採算が取れなくなって撤退する生産者が増えるでしょう。

価格の動きに応じて、生産のための資源が移動するというモデルです。資源配分に関する人間の意思決定は、合理性という言葉で一括りにされています。資源配分に限定するため、人間の意思決定も、それ以外の問題には触れません。

市場の取引が円滑かつ時間をかけずに行われるようになれば、資本の収益性が高まります。もちろん、時間との競争は激化します。ネット上での取引が活発化すると、それだけ市場取引は高速化し、資本の参入と退出の時間が短縮化するでしょう。

現在の主流となっている資本理論は、市場の均衡理論で論じられます。その代表的な理論は、１958年に発表されたフランコ・モジリアーニとマートン・H・ミラー（Modigliani, F. & M. H. Miller）

の“The cost of capital, corporation finance and the theory of investment”を源流とし、ＣＡＰＭ（Capital Asset Pricing Model）と呼ばれる資本資産価格理論に発展している研究です。資産価格の高い投資対象は魅力的であり、低い資産価格の対象は人気がありません。

資本資産の最適配分のための理論です。市場の均衡理論で論じられる資本理論は、財・サービスの市場価格論と融和性が高いため、共通の問題も抱えています。人間と時間に関する問題です。

合理的個人は、合理的な投資家でもあります。価格は最適な資源配分を達成すべき意思決定に利用されますが、合理的意思決定者は、過去の価格情報を参考にすることなく、現在の機会を合理的に選択できます。市場価格は、意思決定の連続的な時間の中にあるのではなく、常に離散的な事象となります。均衡理論には意思決定の前と後という時間の介入がないのです。

経済活動における時間の問題は、資本を考える理論であり、経営学では企業財務（Corporate Finance）の研究になります。キーワードとなるのは資本コスト（capital cost）です。市場の均衡理論では、資本コストは資本資産の価格です。絶対的な金額ではなく、百分比率で示されます。１００万円の資本資産価格が高いか安いかという絶対額ではなく、10万円の利子に対する１００万円の資本資産の価格を％で問題にするのです。

資本コストの研究は市場の均衡理論の枠組みで行われます。企業財務の研究者は、誰もが直接的あるいは間接的に資本コストの研究に関わります。しかし、企業財務の研究者のみならず、経済学や経営学、あるいは会計学の研究が、企業の価値や社会の発展に関与する限り、資本コストを無視することはできません。お金を使う活動は、すべて資本コストの問題になるからです。もちろん、各研究は、研究対象を絞り込むことで価値をもちます。それゆえ、戦略論や組織論、マーケティングや人事労務などの領域では、資本コストを直接に取り上げられることはありません。それでも、企業価値との関係を論じる限り、資本コストの問題に関わっているのです。

本書はエッセイですから、人間と資本と市場の関係を自由に往復しつつ資本コストについて考えることにします。どの章も独立して読むことはできますが、全体の流れを説明しておく必要はあるでしょう。

経済学も経営学も、社会科学ですから、自然科学とは異なり、原子や分子のレベルで考えるとき、意志を持った個人に遡ります。しかし、人間は一人では生きることのできない弱い生物です。協力し合って生活しなければ、生存できません。人間が集まって生活すると、自然発生的に分業が成立します。自生的な分業構造が形成されるのです。分業が生産性を向上させることは、考えることなく受け入れられてきたのです。自生的な分業の構造化は、約束や相互の期待といった関係が秩序となります。混沌から生まれる仕組みが秩序化するのです。家族内でも、役割分担が慣例化すると思います。

分業は少人数の家族や村落に限定すると、得意分野のみならず苦手な仕事もしなければなりません。家を作るときの分業を考えてみればわかります。設計をする人と、大工仕事は異なります。左官や塗装、水回りの仕事、電気工事など多様な仕事がありますが、人数が限られていれば、得手不得手を問わず様々な仕事をこなさねばなりません。反対に、人数が多ければ多いほど得意な仕事に特化することができ、分業による生産性の向上を享受できるのです。

利潤最大化もしくは効用最大化を目的とした取引は、分業の役割分担です。それは、個人の自由な機会選択で行われます。市場経済は、各自の目の前にある機会を自分で選択できる世界です。選択に失敗すると生存権が失われるため、その選択は真剣です。自分の力を生かすことができる役割に特化することで、生産性は飛躍的に高まります。しかし、選択機会がなければ、豊かさの分け前に与ることができません。

市場経済が自由な機会選択に基づき、自生的に形成されるとしても、社会のなかで定着した取引構造になるには、法と秩序が必要になります。市場経済が上手く機能するようになると、生産性が高まり、所得増加により貯蓄が可能になります。貯蓄は資本形成を促し、技術的な意味からも生産性が上昇します。市場による経済の成長は、資本蓄積を可能にし、この資本をバネにさらに市場が成長拡大するという循環です。

市場は、個人の自由な意思決定と自己責任に基づく取引を前提とします。しかし、分業の仕組みが構造化すると、個々人の意思決定を束ねる組織が形成されます。組織化した分業は、権限と責任に基づいて構築され、自生的に発生する分業と意図的に構築される分業が併存することになります。

生産手段である機械設備の大規模化は、個人の貯蓄では賄うことができず、多くの資本供給者が求められます。資本を結合する株式会社という制度を作り、大量に生産するための機械設備を準備し、大量に販売する仕組みを構築するため、組織が必要になります。組織としての生産活動は、個人の意思決定ではなく、経営者という意思決定者の下に組織化した活動になります。それは、組織内分業ですが、分業を担う各自の意思決定は、経営者の機会選択に委ねられます。経営管理が必要になるのは、個々人の機会選択を前提とする市場の分業よりも、経営者による人為的な分業構造が生産性を高めるときです。

市場と組織の分業の優劣を測定するのは、利潤の多寡です。株式会社では、株主の富最大化という経済上の目的が顕在化します。それは、投資決定論における正味現在価値（Net Present Value：NPV）法を考案します。NPVとは、企業価値（株価）を最大化させる投資選択のための考え方です。個人の利潤や効用の議論は、株式会社の価値最大化の議論に変化していきます。

株主至上主義を肯定するものではありませんが、株主の役割は評価すべきでしょう。株主は、経営者と組織構成員である人間を観察し、その知識と技術に投資します。将来必要になる知識と技術を育成し、その人材に生存基金を供給します。もちろん、社会的価値観を共有し、変化する法と秩序のなかで、利害関係者間の調整をすることは重要です。この調整に失敗すれば、株主の富最大化は社会の富の最大化と矛盾することになります。株主の富最大化を目標にすることは、社会に承認される企業になることでもあります。

しかし、一方で、株式会社が格差を生み出す原因であることも認識しなければなりません。株式会社という制度そのものの中に、格差を生み出す仕組みが内包されています。狡猾な投資家は、労働者のみならず、一般投資家の資本を梃子にして財産を形成します。株式の価値が国家権力に管理されるときには、これも利用するでしょう。資本の評価は、人間の合理的モデルから組織の経営モデルになり、さらに国家権力との関係を包含するモデルが必要になります。

個々人の機会選択は、常に変化をしています。個人事業主や大企業の経営者、そして国家の権力者も、各自の利己心に基づいて機会を選択します。その合理的な機会選択は、限られた時間内における選択行為です。

多くの人々が考える機会選択の条件は、起業家の活動によって変化します。起業家は将来の夢を語り、先見の明のある投資家と結びついて、多くの人の機会選択基準を変化させ、市場秩序を破壊することになります。均衡破壊と呼ばれる現象ですが、それは特別なことではなく、恒常的現象です。人間が、それぞれの立場で利己心を追求することで均衡が変化し、利潤と損失が発生します。それは株式市場における投資家の活動に誘われ、企業価値の騰落と雇用の不安定性をもたらします。国家が株主の利潤・損失を管理するとき、権力構造と市場の関係を意識しなければなりません。

資本理論や企業評価論は、投資対象を評価する投資理論です。それは経済学的市場理論と経営学的実践研究を相互に干渉する領域です。実務家と接する機会が増えるに従い、両者の隔たりが大きくなっているように感じています。しかし、その文章化は難しく、曖昧模糊の部分ばかりです。本書は、エッセイとして、私の悩みを寝ころびながらご笑覧いただきたいと考え、ここに上梓することにしました。

最後に、出版事情の厳しい中、本書の出版を引き受けていただいた文眞堂代表取締役社長前野隆氏と編集部の前野眞司氏にあらためて感謝の意を表したいと思います。

目次

第11章　格差と抜け駆けする狡猾な知識
―時間差と創業者利得の源泉―

第12章　非科学的な閃きを科学的に考える
――均衡価格と起業家精神――

第1章　頭脳派から肉体派まで多様な人間の世界
——経済社会の模型——

1　人間観による社会モデル

想像してみてください。私たちは似た人はいますが、同じ人間はいません。そして、誰一人として同じ生活をしていません。肉体的な相違のみならず、好き嫌いも違うし、考え方や価値観も異なります。人類に限らず、種の保存と進化には、環境変化に適応する多様性が求められます。

個々人の物語を私小説として描けば、世界の人口の数だけ物語があります。出会いと別れ、恋愛や家族の悲喜劇、友人関係や学校生活、そして会社の中の人間関係を描くこともできます。愛情や憎悪、恨みや妬み、憧れや哀れみなど、様々な喜怒哀楽の感情がテーマになります。平凡な日常の生活だけでなく、涙を流すような感動のドラマもあるでしょう。

こうした物語は、ある個人や特定の家族を主人公にすることで、読み手が理解できる物語になります。聖人君子の物語は、道徳の教科書にはなるけれど、あまり面白くないでしょう。人間はこうあるべきだ。社会はこうならねばならない。こうした規範論は、「あるべき」価値観に馴染めない人は受け入れません。悩んだり悔んだり、迷ったりするのが人間です。

現実を記述する人間像は、多くの人に受け入れ易いでしょう。ナラティヴ（narrative）アプローチという認識方法があります。日本語にすると「物語」とでもいうのでしょう。各自の人生は、予想できないようなことが起こります。その対処の方法も人それぞれです。しかし、主役が普通の人であれば、共感しやすく、大勢の人の理解を得る物語になります。

一方で、一部の物理学者や哲学者は、この世界を0と1からなるコンピュータの仮想現実と捉えています。彼ら・彼女らによれば、私たちの社会は、現実ではない仮想空間なのです。ＳＦの物語のようです。これはシミュレーション仮説と呼ばれる世界観です。信じられないような仮説ですが、否定するだけの材料や情報がありません。私たちは、自分では認識できない仮想の世界で生かされているのかもしれません。シミュレーションを作成した者は、将来を予見できる存在なのでしょう。それは、「神が創造した世界」という宗教的な視点にも合致するのかもしれません。

シミュレーション仮説や宗教的世界とは異なりますが、経済学の世界観にも類似のものがあります。経済学の父と呼ばれたアダム・スミス（Adam Smith）は、１７７６年に出版された『国富論』（*An Inquiry into the Nature and Causes of the Wealth of Nations*）において、想像上の世界を作ります。それは、スミスの観察した市場に基づく世界ですが、現実とは異なります。彼が比喩的に使った神が支配するような「見えざる手」というフィクションの市場であり、デフォルメされた理想的市場を創造していました。

私有財産を増やしたいと思うなら、価格の安い財やサービスの生産を止めて、価格の高い財やサービスを生産しなければならない。スミスの世界では、各自が私的利益の追求を図り、価格シグナルに従って生産すれば、人知の及ばない神による「見えざる手」が希少資源を最適に配分します。

スミスは、社会の富の源泉を労働と見なし、分業（division of labor）という労働の在り方から社会をモデル化しています。分業は交換なしには成立しません。人々の自由な交換取引が社会を豊かにするという世界を仮構しました。

彼が着目したのは、10人程度の小さなピン工場です。一人ひとりがピンを最初から完成するまで作るとすれば、各自のピン生産量は１日に僅かです。未熟な職人であれば１日に１本のピンも作れないかもしれないし、熟練した職人でも20本は難しいでしょう。

しかし、針金を引き伸ばす人、まっすぐにする人、これを切る人、先を尖らせる人、先端を磨く人、頭部を作る人、紙に包む人など、18程度の単純な仕事に分割して作業することで、１日に４万８０００本ものピンが生産されるのです。１人あたり４８００本です。

作業を分割しているので、それぞれの仕事は単純ですし、直ぐにでも仕事に従事できます。未熟練な人がピン生産の職人に成れるのです。熟練した職人が単純な労働力に置換えられるわけです。人間の活動が単純労働に置き換われれば、機械と同じように代替が可能です。機械と労働力は、機能的には同じサービスを提供する要素に還元されます。仕事の達成感など、人間性を考慮せずに、単純な動作の結合で生産活動が行われます。機械はエネルギーを費やすことで働きますが、これと同じレベルで人間の労働力が評価されることになるのです。

もちろん、人間はピンのみでは生活できません。そのため、分業社会は、必然的に交換をしなければならなくなります。誰でもできる単純な労働力は、賃金の高い仕事に惹きつけられます。どの工場も単純作業のため、ピン工場の工員は、食品工場や紡績工場の仕事もできるのです。労働力が自由に移動すると、その他の生産活動に必要とされる資源も労働力と一緒に移動します。労働の仕組みが資源配分を決める社会となるわけです。

現実を説明する模型

こうした世界観を追求していくと、究極的には人間や社会を考える必要性がなくなるように思います。スミス自身は、人間を感情の動物と捉えていましたが、スミスの仮構した市場の物語は、人間味を失った物理的な世界に変化していきます。人間を宇宙から眺めるように、その存在は原子のように極めて小さなミクロの世界です。その動きには違いはあるのですが、あまりに小さいために運動の差異は見えなくなっています。個々人の差異は、まるで摩擦的な要因や誤差のように見えてしまうのです。

各自は、生活のために細分化した仕事をこなしています。しかし、見方を変えれば、仕事をするために生活をしているとも捉えられます。自然の摂理に組み込まれたような個々人には、この世界を変化させる影響力はありません。どのように行動しても、仮想現実のモデルや「見えざる手」に支配されている限り、世界の秩序は不変なのです。

不特定多数の人々は、その到達点を意識せずとも、遺伝子に組み込まれた行動のように、自動的に終着点に到達します。未来はモデルによって決められており、どうしようもないからです。宇宙から眺める人間模様は、個々人の生活や心理状況を等閑にするのです。

物質的な世界観が確立すると、物理モデルのように原因と結果が一義的もしくは確率的に結びつくように思えてきます。人間の行動が物理法則のように予測可能な世界と勘違いするのです。しかし、デフォルメされた非現実的な市場モデルは予測モデルではありません。

地上にいる私たちには、自分の周りのことしか理解できず、将来を予測することもできません。少なくとも、私は、明日の自分の意思決定や行動さえ予測できません。起こりうる選択肢は無限にありそうです。単純な作業でも、得手不得手はあるし、やりたい仕事とやりたくない仕事といった選択肢があるはずです。そうした個人の集合であれば、わずか10人の世界でも社会をモデル化するのは難しいでしょう。

しかし、シミュレーションの世界は、社会現象の原因と結果を繋ぐモデルを作り上げます。予測を目的としたモデルは、予測可能なモデルを作るでしょう。原因と結果の当てはまりがよい変数を選べばよいのです。そこには人間行動を型にはめるような意図的な仮説は要りません。原因と結果を結び付けるための説得力のある説明も必要ありません。つまり、予測するためのシミュレーションモデルには、最適資源配分に導くような特別な人間観は必要ないのです。

ディープラーニング（深層学習）は、人工知能（ＡＩ）を支援する技術ですが、それは膨大なデータを集めて、ブラックボックス化したプロセスでデータを学習し、結果に導きます。特別な人間を想定しないため、違和感の生じる余地は少ないかもしれません。しかし、人間に考える機会を与えません。「なぜ」という問いは、ブラックボックスなのです。

一方、究極的な市場観を仮構する「見えざる手」は、人間のモデル化が必要です。意思決定の原因と結果が一義的に決まるような前提条件が求められます。納得できる前提から理詰めで結論を導き出し、市場という概念を共通言語とすることができます。前提条件を受け入れることができれば、自動的に結論に到達するという意味で、社会の説明は容易になります。

純粋無垢な科学者にとって、混ざり物のない前提は議論の出発点として相応しいのです。模型作りに熱中する科学者とは異なり、現実社会で暮らす人々にとっては、現実と異なる前提は容易に受け入れることはできず、前提自体に疑問を持つでしょう。

説明できない部分が残れば、すべての人が納得することはありません。説明不足に違和感を覚えなければ、考えることを放棄する社会になります。人間一人ひとりを仮定して築かれる仮想的世界なのですが、この仮想的世界観を受け入れてしまうと、現実の人間を仮想空間によって説明しようとします。目的と手段の関係は、知らない間に逆転してしまうことがあります。これは注意しなければならない陥穽です。市場モデルが予測に使用されるのは、こうした誤謬からもたらされるのでしょう。

スミスの創造した模型

10人いればそれぞれに異なる物語となりますが、個々人の物語から共通の要素を抽出できないでしょうか。スミスは、利己心に駆られる市場モデルに先立ち、1759年に『道徳感情論』（*The Theory of Moral Sentiments*）を刊行しており、そこで共感（sympathy）について論じています。共感できなければ、個々人の物語でしかありません。それは単なる感情を理解する共感（empathy）ではなく、問題を共有する価値観です。共感は、感情移入するだけでなく、他人の描いた物語が理解できるようになります。人間は他人と同じではありませんが、共感は持てるのです。多様性はありますが、標準的な考え方や共通の価値観を持てるということです。

聖人君子のような模範的な人間を想定しても、人間社会は描けません。多くの人が共感できる普通の人を探索しなければ、人間社会として認識できません。愛する家族の喜怒哀楽は共有できます。平均的な人間像の集合体を社会と見なすことは可能かもしれません。スミスは、法に則った活動をする人々を観察しながら、その中に共通の行動原理となる利己心を発見します。

言い方を変えると、利己心の追求は、多くの人が理解できる人間像です。しかし、それだけではありません。その節操のない個々人の活動が、社会を混沌に陥らせることなく、ある種の秩序ある仕組みが作られていると主張したのです。私利私欲にまみれた個々人の行動が、他人の幸福に貢献し、社会を豊かにさせるという合成の誤謬の発見です。

スミスは、経済活動をする人間の一つの側面に焦点を当てました。この人間観は、利益のみを追求するホモ・エコノミクス（Homo economicus）というモデルに抽象化されていきます。経済学に登場する合理的経済人というモデルです。経済的意思決定に関しては、計算機のように判断するロボット人間を想定して、その集合体を社会と見なすのです。人間の多様性を捨象することで、誰もが理解できる物語にしました。それは、標準化した教科書を作ることに貢献しました。

ただし、勘違いしてはいけません。多様性を無視したとしても、金太郎飴のように、同じロボットが整列しているわけではありません。各自は多様な生活をします。生産能力も異なります。能力の相違は、行動の選択に表れます。自分の能力を冷静沈着に評価し、適切な行動を瞬時に決定します。

この評価能力は、スーパーコンピュータのようですが、仕事で発揮される労働の能力はピンキリです。頭脳はスーパーコンピュータですが、労働力は肉体的にポンコツということがあるわけです。すべての労働力が適切に評価され、生産活動の歯車としてぴったりと納まります。たとえ、ポンコツの頭脳をもつ普通の人がいても、社会がコンピュータに従っている限り、個々人の選択肢は否応なしに決められてしまいます。ここにスーパーコンピュータが威力を発揮する完全競争という概念が登場するのです。

完全競争では、完全な情報を有する不特定多数の売手と買手が存在しており、摩擦のない自由な参入と退出が保障された市場です。同質の財・サービスの価格は同一になります。このような仮想の市場空間で分業が成立し、人間の能力についても、質に応じた所得が決まります。その所得格差は、完全競争市場の住民にとって受け入れなければなりません。誰もが高い所得を望むのですが、すべての社会構成員が完全競争市場というコンピュータの世界に支配されるため、小さな歯車と大きな歯車が綺麗に納まるのです。

この世界の住民に見出す共通項は、自己の利益ないし効用を最大化する機会選択です。合理的経済人の機会選択は、矛盾のない意思決定をします。各自の主観的な好みは異なりますから、満足できる行動や結果に違いが生じます。家計ないし消費者としての合理的経済人は、所得制約の中で最大の効用を得られる機会を選択します。その選択は、各自の自由に委ねられています。

選択の自由と機会費用

各自の自由な機会選択は、機会費用（opportunity cost）という概念で説明されます。私たちは、様々な機会を選択して活動し、そこから恩恵を受けます。経済的にはコストをかけた生産活動を選択して、そのリターンを得ようとします。人間の行動は資源の制約を受けますから、ある活動の選択は、選択できない機会のリターンを諦めることになります。

候補に上る機会は、最終的には二者択一まで絞られます。どちらかを選択すると、最終候補のリターンを諦めることになります。意思決定者は、常に一つの機会を選択しなければなりません。彼ら・彼女らの機会選択は、最終的機会のリターンを諦めることであり、これを機会費用と呼びます。

もちろん、この費用も各自の主観的なものです。

しかし、完全競争という世界では、同じ機会（同質の財・サービス）を選択すれば、その機会費用も同一になります。100円の商品を購入する機会費用は、100円ということです。競争によって、これ以外の選択肢は認められないのです。交換という意思決定のリターンとコストは、同一になります。

通常、自由な意思決定には成功や失敗がつきものですが、完全競争市場には選択肢の間違いはありません。利潤や損失が存在しないことになってしまいます。利潤追求を目的としているのに、利潤を獲得できない世界を想定しているのです。それは、論理矛盾に陥っているかもしれません。

実際には、時間の経過によって意思決定の結果が顕在化します。そして、修正可能であれば、改めて機会を選択するでしょう。修正可能な選択肢を持つことは重要であり、人間の価値や企業価値を高めることになります。オプション（option）を持つことは、人間の行動や企業経営の基本です。

経済的機能による人間モデル

人間の意思決定や行動を覗き込むと、社会が秩序をもつことが不思議に思えます。自由な選択機会が与えられるなら、カオスの状態にならないのでしょうか。しかも、混沌とした現実社会を観察しながら、ひとりの個人的物語ではなく、多くの個々人が集合した社会の物語を作らねばなりません。人間に個性がある以上、社会のモデル化は難しいのですが、人間の経済的意思決定という側面のみを捉えることで、喜怒哀楽などの感情を排除し、物的関係に置換える方法を編み出します。財・サービスは、質・量で価格により評価でき、労働力と機械は代替可能な生産要素となります。

人間臭いはずの社会は、経済的機能のみを抽出することで、自然科学のような描写が可能になります。文学などのように主観に訴えるのではなく、誰もが共通して理解できる機能に着目し、その仕事を物理学のように扱うのです。それは社会科学を自然科学化する試みです。しかし、そこには観察眼ではなく、想像力が求められました。資源を最適に配分する市場を創造し、そこで働く機能を定義したのです。

企業や家計という言葉は、普通に使われていますが、経済学で使用する場合には、人間を生産機能と消費機能に区別する概念になります。家庭と家計は違います。家庭は、家族が暮らす小集団を意味しますが、家計は家事労働を含まない消費機能のみに着目した概念です。

労働者や資本家と言うような経済主体の分類も、生産のために働く機能（労働者）と生産のための工場や機械設備を提供する機能（資本家）による分類です。労働者や資本家に加えて、会社の運営を行う経営者や企業を創業する企業家、そして新規の事業を生み出す起業家[1]というような機能にも着目します。自然人は、企業という生産機能の主体になると同時に、家計という消費機能を担います。裕福な大資本家であっても、肉体や頭脳を働かせる時には労働者や経営者です。中小零細企業の経営者は、ほとんどが資本家であると同時に経営者であり労働者です。

こうした経済主体に関する機能的な概念は、いずれも、人間臭さを消し去る手法です。分子や原子、あるいは細胞の働きと同じように、人間が発揮する機能を分類して、その機能間の関係として社会を説明しようとします。

合理的経済人から発見される管理と起業機能

大事なことは、ひとりの人間が生産活動と消費活動の主体となることです。自給自足経済では、生産者と消費者は一体です。家庭内の掃除や洗濯、炊事などの家事労働は生産活動です。綺麗になった部屋で寛ぎ、綺麗な服を着ること、そして料理を食べることは消費活動です。花瓶に花を生け、壁に絵画を飾るのは生産活動であり、これを鑑賞する行為は消費活動です。

家事労働であっても、そこに労働がある以上、生産活動と見なされ、企業という概念に抽象化されます。消費活動のみが家計という概念で説明されるのです。家事労働は、多数の人間が専門特化することで市場化し、企業という概念を必要とするようになりました。これがスミスの見た社会です。

つまり、スミスは、自給自足的な村社会を観察対象から除外したのです。自給自足的な村社会では、企業と家計の概念は不要になります。村の共同作業は、大家族的な家事労働です。家事労働が存在するのは、市場が未発達な社会ということです。市場という概念の登場により、自ら消費する財は自ら生産せず、他人に生産を頼む分業が、売買という特殊な交換形態をとることになるわけです。

自分と他人の区別は、家計と企業という市場を形成し、さらには企業組織と市場の境界問題に発展します。企業を組織として捉える市場観です。それは、家庭組織内の生産活動と企業組織との生産性の比較であり、家庭と市場の選択問題でもあるのです。家庭内の自給自足的な生産活動では十分な分業のメリットが享受できないために、生産を主体とした企業という概念が成立し、これが市場経済に発展するのです。

合理的選択の正当化と限界

企業組織も家庭内組織も、消費以外は生産活動と見なされます。いずれの生産活動も、管理能力が問われます。ルーチン化した家事も、Plan-Do-Check-Action といったPDCAサイクルを回して、無駄のない効率的な家事を行う人がいます。いまやPDCAという用語は一般化していますが、計画（Plan）は新たな知識を結合する概念です。明示的にマニュアルに記載された行動や暗黙的で慣例化した行動は計画ではなく、自動的に無意識に実行（Do）され、おそらく行動を反省（Check）したりすることも少ないでしょう。新しい行動（Action）に変化はありません。

多くの家事は、熟慮することなく、ガス代や電気代を無意識のうちに節約しているかもしれません。自宅では洗濯やアイロンをせずに、クリーニング屋に頼むこともできます。これは自分と他人の比較に基づく選択です。家で調理する場合でも、冷凍食品やスーパーの総菜を購入できます。怠け心で自分では料理をしないという意思決定でさえ、合理的な機会選択として捉えることができます。

家事労働を例示して合理的意思決定を確認しましょう。私は、自分で調理する自炊（A）より、スーパーの総菜（B）購入を選択し、スーパーの総菜（B）よりも外食（C）を選好しています。その価値を順番に並べると、A＜B＜Cという選択です。

外食（C）は最も大きな効用を享受し、自炊（A）は最も少ない効用になります。しかし、単純に効用のみを比較してはいけません。その効用を得るために犠牲にした機会費用を考慮しているはずです。外食は最も出費が多く、自炊は最も出費の少ない選択です。合理的な経済人であれば、犠牲の大きさを勘案して、選択することになります。その上で、なおA＜B＜Cということであれば、当然、自炊（A）より外食（C）を選択しなければなりません。

このような合理的な意思決定は、自然に受け入れることができます。しかし、このような合理的判断ができる人でも、合理性という言葉には抵抗感を持つ人が多いでしょう。たとえば、友達と食事をするとき、あなたは自分の好む機会を選択しないかもしれません。お蕎麦を食べたくても、友人に遠慮してカレー店に入ることがあります。

しかし、合理性という言葉は、意外と万能です。友人と一緒の食事を選択したのは、独りの食事よりも、高い効用を得ると判断したのかもしれません。あるいは、友人を説得して蕎麦屋に行く面倒を考えると、カレーで我慢しようと考えたのかもしれません。説得するコストと効用を比較考量した結果です。これも合理的な判断なのです。

自己犠牲の精神で人助けや寄付をする人がいます。しかし、人助けや寄付金も、他の機会と比較した選択の結果です。低賃金でも、やりがいがあると思えば、その効用と賃金を合わせて判断していることになります。

問題は時間の経過を伴うときです。時間が異なると、状況は変わります。人間の機会選択は、その時々の気分で異なります。そのため、意思決定の時点を明確にしなければなりません。寒い時や雨の時には外出を控えるかもしれません。金銭的には測定できないかもしれませんが、外出のコストは高まり、スーパーの総菜や外食より自宅で調理する価値が高まります。食事は様々な種類があります。近隣の飲食店が提供するメニューやスーパーの総菜売り場の新商品、そして天候や経済状況などの環境変化の組み合わせが選択肢に影響を与えます。

合理性を担保する利潤と損失という概念

時間が経過すると、意思決定時の期待と意思決定後に経験した実現値が区別されます。スーパーで購入した総菜が、想像以上に美味しければ、次回はもっとたくさん購入しようとするでしょう。不味ければ選択の誤りを後悔します。この総菜は、二度と購入しないという評価をして、次の行動を選択できれば合理的な行動になります。[2]

これは利潤と損失の概念です。人気の総菜需要が増加し、不人気の需要が減少します。企業の側では、人気総菜を増やし、不人気の総菜を減らすことになります。資源を最適に配分するための行動です。参入と退出が行われるのは、事前の意思決定と事後の結果の間に、時間的間隔が存在するからです。利潤と損失が明らかになると、意思決定は、その時点で清算されます。参入前後の取引は異なる取引とされます。つまり、取引の時点が違えば、異なる取引と見なされるため、結果として、時間を無視する分析方法となるのです。

合理的経済人の意思決定は取引ごとに完結します。事前の意思決定段階で機能した合理性は事後に見直されるのです。意思決定段階では無視した利潤と損失の概念は、合理的経済人の行動に修正を強いる概念となります。合理的意思決定と合理的意思決定の隙間に人間の管理的な諸機能が存在することになります。それは、経営学が想定する経営者や管理者という人格です。

合理性に関して、もう少し検討してみましょう。時間の経過を伴わない瞬間的取引では、合理的機会選択が可能であるとしました。しかし、各取引の意思決定は合理的に完結するのでしょうか。ここにも人間の合理性には疑問が残ります。同一時点の1回限りの機会選択でさえ、人間は計算機のような合理的選択ができません。選択機会が二者択一もしくは三者択一であれば、選択肢の情報入手とその分析が可能でしょう。しかし、多くの選択肢がある場合、その中から瞬時に最適機会を選択できません。

スーパーの総菜と言っても、種類は豊富です。レストランは1軒ではありません。自宅の食事にも選択肢があります。商品の多様性は、私たちの選好基準の曖昧さを示すでしょう。ビールや清涼飲料水、お米など、同じような飲料や食品でも多くの種類があります。好きな順番に並べてみても、合理的な序列決定はできません。選好の順番に矛盾が生じることはあるでしょう。専門家以外は、ビールやお米の味などを厳密に区別できません。しかも、総菜の選択は、スマホの料金や衣服など、他のすべての消費機会のなかで順位付け、選択します。普通の人は、明確に比較できる情報や尺度を持っていないのです。その上、周辺のスーパーやお店をくまなく回るコストを負担できません。

時間の経過の狭間にある経営者と起業家

最適資源配分を実現する模型を作るには、人間を型にはめねばなりません。人間の合理性は限定されているため、不合理な意思決定を承知で、合理性を仮定するのです。経営者や管理者は必要としません。市場による資源配分の仕組みは、経営や管理といった人間の「見える手」を必要としない瞬間的選択です。「見えざる手」で資源が配分できるという主張は、極めて魅力的ですが、それは、市場機能を強調するためのデフォルメなのです。

身近な家事労働を見ても、試行錯誤の連続です。合理的な機会選択を試み、管理能力を発揮した時には管理者になっています。管理が必要になるのは、合理的な意思決定にはコストがかかるということです。

これまでにない画期的な掃除・洗濯方法の考案や、創作料理を作るとき、これは創造的な起業家的活動となります。前例のないメニューは、受け入れられるか否かはわかりません。本場の中国の麺料理と日本のラーメンは違います。醤油や塩、味噌など、試作を重ねて、受け入れられるようになり、多くの人が美味しいと思うラーメンになります。毎年のように新たなラーメンが開発され、これを模倣するラーメン屋が参入すると、一つの市場となります。醤油ラーメンの市場では、醤油ラーメンを巡る差別化があり、塩ラーメンやとんこつラーメンでも差別化した競争が行われます。特定の地域名称を冠するラーメンは、地域の中で差別化競争をします。

しかし、ラーメン市場での価格は、余程の差別化がない限りは同じような価格帯の中での競争となります。「見えざる手」は、こうした価格帯の形成です。そして、この価格帯のなかで、従業員の雇用や管理、資金調達などの経営機能が求められるようになります。「見える手」による差別化と、「見えざる手」による価格帯の形成、そして「見える手」による管理が行われています。

ひとりの人間は、単純な機械と違い、様々な機能を遂行できます。合理的経済人を仮定することで、逆説的に、管理機能や起業家機能が抽出されるのです。自然人は、機能面から多面的な人格を備えます。人間を観察しながら、こうした機能的分類に気が付くのは天才的です。労働者や資本家、経営者などの概念も、ひとりの人間が持つ諸機能を経済的な視点で分類したものです。当たり前に使う言葉ですが、こうした言葉を創造する叡智に感服すべきでしょう。

言葉ができると、それぞれの言葉が変数となり、これを紡ぐことで理論的な考察ができます。言い換えると、理論的な考察をするためには、言葉を定義することが必要になります。それは様々な事象を分類することでもあります。人間のある機能に着目すると、その他の機能を捨て去ることになります。泥臭い人間の雑多な諸変数を分類して整理し、重要ではないと考える変数を捨象することで、特徴のある機能を抽象化することになります。普通に生活を観察しているだけでは、そのような見方はできません。

［注］

（1）企業家と起業家という言葉の使い分けについては、混乱が生じるでしょう。ここでは、企業家という概念を広く捉えます。それは、生産活動の担い手となる資本家であり、経営者でもあります。企業の参入という場合には、企業家が拠出した資本の参入という意味で使われます。一方、起業家は、新たな事業を起こす企業家に限定します。起業家は、データの存在しない新規事業を立ち上げる機能に着目した経済主体であるため、事業を立ち上げた後は、経営者の機能に代替されます。企（起）業家の定義は、Hebert R. and A. Link（1982）や池本正純（２００４）が参考になります。

（2）ただし、二度目に同じ失敗をしても、忘れていた場合には、合理的行動と見なされるのです。機会選択時に合理的であるか否かは、その瞬間的な判断なのです。スーパーコンピュータのような合理性を求めるにしても、記憶力は問いません。

第2章 「見えざる手」に見えないモノ
―市場による資源配分と市場の陥穽―

意思決定と行動の時間

合理的経済人の考え方は、個人の行動から社会を説明しようとする方法論的個人主義(Methodological individualism)に依拠しています。カール・メンガー(Carl Menger)に始まるオーストリア学派(The Austrian School)は、方法論的個人主義の源流です。教科書に載るような標準的経済学は、アルフレッド・マーシャル(Alfred Marshall)やレオン・ワルラス(Marie Esprit Léon Walras)に代表される新古典派経済学(Neoclassical economics)ですが、それらは個人の合理的選択行為に依拠して市場の価格理論を構築しています[1]。

方法論的個人主義に基づく合理的経済人のモデルは、孤島で生活するロビンソン・クルーソー(*Robinson Crusoe*)の物語で説明されます。この物語は、18世紀初めに出版されたイギリスの小説で、日本では『ロビンソン漂流記』などとも呼ばれています。ロビンソンは、船乗りになりますが、嵐で船が難破したことで無人島に漂着し、そこで四半世紀以上にわたる生活をすることになります。当初は独りで生活をしますが、近隣の島から流された捕虜を助け、フライデーと名づけて共同生活をすることになります。

この物語は大変面白いのですが、経済学では物語の要旨やその正確な中身には興味を持ちません。ロビンソンが選ばれたのは、合理的経済人を説明するために、隔離された島を実験室と考え、モデル化した生活を描きやすいためです。しかし、フライデーが登場するまでは、分業経済ではありませんので、市場価格の説明には不向きです。ロビンソンのような個人を計算単位と見なし、その集計した経済活動の視点を市場理論に拡張するのです。

ロビンソンの生活を題材としながらも、市場の価格理論は生活体験が存在しなくなります。集合した合理的経済人の意思決定は、連立方程式の体系により説明され、需給が釣り合う均衡価格を求めます。連立方程式の解を求める作業は、合理的経済人の思考と行動の時間を圧縮してしまいます。コンピュータ・プログラムによる証券取引所の「瞬時」の取引が成立するのです。

しかし、「瞬時」の取引成立とは、その取引直後に別の取引が待ち構えており、再び、異なる価格を成立させます。時間は、取引毎に切り取られます。市場理論への拡張は、ロビンソンの生活時間を消し去ってしまいます。実際の人間社会では、個性豊かなセリ人もしくは商人が多様な取引を展開します。買手と売手は、市場で成立する価格を知りません。取引する価格は、自分にとって正しい価格なのか、間違った価格なのか、後悔しない価格なのかを考えながら取引するでしょう。しかし、現在の市場価格が均衡価格であるためには、ロビンソンの生活時間を一瞬の取引として説明しなければなりません。

合理的経済人は、非現実的な人間であることは確かです。理念型市場は、合理的な意思決定や活動を説明する道具ですが、これを批判するのは簡単ではありません。主流派となった新古典派経済学は、様々な批判に耐え続けることで現在の地位を築いています。理論的な攻撃を受けるたびに防衛システムを構築してきたのです。ロボット人間も議論の仕方によっては説得力をもつのです。

しかしながら、明確な定義は、説明範囲を限定します。複雑な現実を非現実的な仮定で説明するには、抑制的な利用方法が必要です。経済人の仮定は、知識や技術、嗜好の多様性等については議論しません。多様な個々人の繋がり方やコミュニケーションの持ち方などで、各自の好き嫌いや能力は変化し、結果として、取引の形態に変化が生じることがあります。新古典派経済学は、これらの問題を意識的に除外し、無視するわけです。各自の意思決定は、ある時点の合理的選択であり、時間の経過後は、当初とは異なる合理的選択をするのです。合理的経済人の世界は、瞬間に存在する人格であり、この範囲での説明しかできません。

希少資源の配分は、人間の生活という利害の絡む複雑な問題です。しかし、そうした煩わしい問題は、機会選択の制約条件として問題にしないのです。そのことで、多様性が生み出す経済社会の混沌や発展という現象が見逃されたりするのです。否、敢えて無視してきたのです。

私的利益の追求と環境変化の時間調整

分業の仕組みは、人間に組み込まれた遺伝的行動パターンなのかもしれません。私たちの生活は多くの人に依存しています。スミスのピン工場を離れて、社会を鳥瞰してみましょう。何気ない日々の食事も分業の成果です。米や麦を生産する農家、漁業や酪農に従事する人、食材を運搬し販売する人がいて、日常の食事がテーブルに上ります。ご飯やパン、その他の料理を食べるには、冷蔵庫や炊飯器、コンロやレンジが必要ですし、箸やスプーン、フォークにナイフ、お皿やコップなどの食器も必要です。もちろん、電気やガス、水道などがなければ調理はできません。

人々は、多種多様な仕事に就いています。財やサービスの市場価格が資源の最適配分に導くというのは、各自の仕事を決めるということです。その眺望は、各自の自由な選択の結果が、秩序ある分業社会を成立しています。

身分制社会の機会選択は、職分や階級などで区別される狭い範囲に限定されていました。自由な生産活動は、職業選択の自由と同義語です。それは、現代では企業の創業や就職活動です。人々を雇用する組織化した企業が存在しなければ、就活ではなく生業を起こして自営業者になります。生きるために漁師になったり、これを販売する魚屋になったり、あるいは靴職人や仕立屋になるわけです。

こうした社会は、資本主義社会が成立する以前から観察されています。組織化した企業が登場するまでは、一人前の社会人になることは生産者として、自営業を創業することでした。それは、大人の仲間入りであり、社会的には企業の新規参入による企業数の増加を意味したのです。

相対的に希少なモノを探すことは重要なのですが、あなたが不得意な生産活動に従事したらどうでしょうか。あなたは、生産活動で多くのことを犠牲にすることになります。収入に比較して相対的に高コストになる活動は、希少資源の有効利用ではありません。好きな仕事を見つけるのではなく、嫌いな仕事でも、相対的に低コストで遂行できる仕事に就かなければなりません。これは機会費用の問題です。

野球選手やサッカー選手を夢見た人、あるいは音楽家や彫刻家を目指していた人もいたでしょう。夢半ばで諦めた人は多いと思います。好きであることは、技術を上達させますが、社会に求められているか否かは別です。比較優位となる仕事の選択が、社会に貢献するのです。個人の機会選択は尊重されねばなりませんが、自立できない場合には、社会に負担を強いることになります。

もちろん、貧しい生活でも、好きな仕事を続けたいと考える人はいます。それは社会貢献よりも、自身の効用最大化を選択したことになります。価格メカニズムによる希少資源の配分は、価格に反映しない部分があります。主観的効用の追求は、自由な機会選択であり、これを否定することはできません。貨幣所得では貧しい暮らしでも、精神的に豊かな暮らしを欲するかもしれません。しかし、各自が心の豊かさを追求しても、社会の物質的な豊かさは実現しません。市場メカニズムは、適切な資源配分方法を提示するとは限りません。私有財産の取引が存在しない活動は、それが社会貢献に繋がる場合でも各自の所得とは結び付きません。

神の「見ざる手」は、次の5W2Hが個々人の合理的な意思決定に委ねられています。いつ

(when)、どこで (Where)、誰が (who)、何を (what)、誰のために (whom)、どのような方法で (how to)、いくらで (How much) 生産するのか。ロビンソンの世界では、Who と Whom が一致していました。

「誰が (who)」とは、仕事に就く自分自身です。自立した個々人が自らの財産を守るために、情報を集めて、社会に必要なモノと自分の能力を秤にかけながら、仕事を決定します。それは、経営学的には参入すべき事業領域を決定する戦略論です。PEST (Politics, Economy, Society, Technology) 分析やSWOT (Strength, Weakness, Opportunity, Threat) 分析などを駆使して、自分のやるべきことを見つけなければなりません。役割の選択に失敗すると、精神的にも肉体的にも辛いだけでなく、財産を失い貧しくなります。

貨幣で捉えられる機会選択は、市場における資源配分の活動です。それは参入と退出の活動であり、コストが必要になります。その選択は起業活動や就職活動であり、人生に1回だけの選択とは限りません。社会に必要とされるモノは時代とともに変化します。この変化のスピードがゆっくりであれば、何十年も何百年も同じ仕事に就いていられます。しかし、環境変化のスピードが速ければ、各自の役割や企業の栄枯盛衰は短時間で変化することになります。

資本主義社会は、各自が私有財産を守るために、技術を革新させ、組織を見直し、有利な交換をするための競争を強いられます。環境の変化する時間は、加速度的に早まりますが、この速さと私たちが自立するための時間は対応しているのでしょうか。職業選択の自由は、試行錯誤的な活動となります。それは市場における資源配分であり、一定の時間を要する活動です。市場経済では、専門分野に特化することを意味します。

私たちの社会は、神の「見えざる手」に委ねているわけではありません。自分自身の役割を決めるのに、どの程度の時間が必要でしょう。あなたに選択の自由はあるのでしょうか。自立した就職活動は容易ではありません。高校や大学の選択が、その後の選択機会を決めるかもしれません。

自分の仕事を見つける時間

時間に余裕のある人は、現在と将来の社会を俯瞰して、自分の就職先を選択しますが、求人のある会社に応募しても、無条件に就職できるわけではありません。雇用されるか否かは、会社の人事に委ねられます。仕事に対する知識や技術、それらを習得できる可能性がなければ雇用されないでしょう。

仕事が決まるまでに1か月かかれば、それまでの生活は誰かに面倒をみてもらわねばなりません。大学卒業までの16年間の時間が職業選択の時間であるとすれば、それだけの社会的余裕が求められます。余裕がなければ、自由な職業選択はできません。起業準備や就職活動の期間中でも、生活費がかかります。この生活するための貯蓄、すなわち、生存基金があって、はじめて自由な選択ができるのです。生存基金は、職業選択の自由を意味あるものにするために必須というわけです。

個人が資源配分の責任を負うとしても、個々人の能力には限りがあります。裁縫職人は、紳士服の仕立屋であるテーラーと婦人服のドレスメーカーでは異なる技術が求められます。テーラーがドレスメーカーに転職するには技術を学び直さねばなりません。弁護士や会計士への転職には、もう少し時間がかかるでしょう。弁護士や会計士がテーラーになるのは、もっと大変かもしれません。

市場における資源配分は、人間の生きざまを変えることであり、時間のかかる活動です。何をすべきか、何ができるかを考え、そのための知識や技術の習得期間が必要になります。選択にかかる時間は、悩みの期間であり、技術習得の時間でもあります。その長期化は、必要な生存基金を増やします。

しかし、それぞれの仕事に特化し、その仕事に専念している人は、自分の仕事が社会にとってどのような位置づけにあるかを考えていません。気が付いたときには必要のない仕事になっているかもしれません。誰もが自立し、職業選択を自己責任で行うのは難しいのです。長い時間をかけて犠牲にしてきたことが、一瞬にして失われてしまいます。自分のポジションの変化が、利潤と損失の概念に関わっていることを想像できるでしょうか。

個人を原子のように小さな企業と見なせば、最適資源の配分とは、企業の誕生と消滅、そして雇用と解雇の繰り返しです。繰り返される時間は資源配分の調整であり、企業の参入と退出です。この過程で、富める者と貧しい者の格差も生まれるでしょう。

リターンとコストの不等価交換

アダム・スミスが評価されるのは、個々人の生活を観察しつつも、利己心の追求を容認するパラダイムの転換にあります。私的利益の追求は公益には合致しないであろうという常識を覆したわけです。

しかし、この考え方には疑問に思う人の方が多いでしょう。私益を貪る人々が集まって、他人の犠牲の上に豊かな社会が創られるのであろうか。私的利潤の追求は、誰かの所得を搾取しているのではないか。高額商品を高齢者に売りつける詐欺師のような悪徳商人は、社会貢献どころか反社会的人間です。悪徳業者の富の奪い合いによって、社会が豊かになるとは考えられません。

私有財産の交換は、独占や寡占があれば、一方的な略奪のような価格に決まるかもしれません。売手は、価格を吊り上げることもできます。買手は、強引な引き下げを要求するかもしれません。また、取引当事者同士による私有財産の交換のみならず、製造過程で騒音や大気汚染などの公害を発生すれば、そのコストは社会が負担しなければなりません。外部性と呼ばれるものです。情報の非対称性も、正当な交換を阻害するでしょう。こうした事例は、市場の失敗（market failure）と呼ばれます。

しかし、スミスは、対等な交換を想定していました。略奪行為や詐欺的な取引は、リターンとコストが等価ではありません。等価交換は、私が手に入れるリターンが、私の犠牲にしたコストと同じでなければならないのです。これが完全競争の状況です。略奪や詐欺行為は、一方的にリターンを得ようとする行為です。他人が望むことを考えずに、強引に奪い取ります。

情報は非対称的ですから、売手も買手も化かし合いをしています。騙す人や騙される人がいます。人間はすべての情報を把握しているわけではありません。

不正義で不公正な取引は、私益の追求が社会の豊かさを奪うことになります。悪徳商人が暗躍すれば、良い商品やサービスが提供されずに、粗悪品ばかりが出回ってしまうでしょう。財・サービスのみならず、労働市場や資本市場における取引も同じです。悪貨が良貨を駆逐するのです。それは、逆選択（Adverse selection）と呼ばれるような現象です。

スミスの描いた理念型の市場経済は、私益の追求が社会を豊かにするという市場のモデルです。この驚くべき市場観の説明に、これを妨げる現実的な諸要因をあげつらうのは得策ではありません。理論構築は、特定の問題に焦点を当てるために、多くの問題を捨象しなければなりません。

しかし、市場が機能しない部分を完全に無視すると、利潤追求の努力も見えません。利潤を得るには、売れる商品を見つけなければなりません。ニーズを発見しても、他人よりも低コストで、質量に優る生産を実現しなければ売れません。社会が欲するモノを見つけ、自分が生産すべきか、他人が生産すべきかを比較考量し、商品が売れるときに利潤を獲得できるのです。

それは、他人のことを徹底的に考え、他人に役立つか否かを考えると同時に、自分の能力を相対的に位置づける冷静な判断力が必要になります。他人から得るリターンより自分のコストを少なくするというのは、簡単なことではありません。こうした不等価交換の努力は、利潤獲得を巡る苛烈な市場競争の過程で発生しているのです。

利己心に基づく交換取引は、他人の欲望に貢献できることで利潤に繋がります。自分の欲望と他人の欲望の一致、それは生産者と消費者が一致するロビンソンのような自給自足経済です。合理的経済人は、自給自足的なモデルを多数の参加する市場モデルの中に位置づけているのです。

しかも、そのようにして追求される豊かさは、社会が正当と認め、社会的な秩序に適う財・サービスによって実現するのです。詐欺や不正、誤魔化しは、社会的に正義の交換ではありません。そうした怪しい交換が頻発する社会は、交換の失敗を危惧して、取引に躊躇する社会となり、有効な資源配分を実現できません。当然、豊かさを享受することはできません。

「見えざる手」は格差を見ない

神の「見えざる手」は、合理的経済人が取引する市場ですが、所得格差を問いません。家庭によって、食事内容は異なります。大きな家で贅沢な暮らしをする人もいれば、小さなアパートで質素な暮らしをする人がいます。汗をかきながら一生懸命に働いても、暮らしが楽にならず、最低限の生活しかできない人がいます。辛い仕事から抜け出したくとも、他に選択肢が見つからない人がいます。

一方で、体を動かすことなく、人に指示するだけで高所得を得る人がいます。配当金や利息収入、地代や家賃収入だけで、裕福な暮らしを楽しむ人、ちょっとしたアイデアで巨額の利得を得る人がいます。裕福な生活は、努力した結果かもしれませんが、寝る間も惜しんで努力している人はたくさんいます。

市場の秩序は、所得格差が存在します。商品となった人間の労働は、市場の需給で決められます。市場が決めた質と量で、価格に差が生じるのです。格差は時間とともに拡大する傾向にあります。しかし、最適な資源配分が行われるような神の「見えざる手」には、いかなる合理性があるのでしょうか。

物理学における仕事は、物体に加わる力と物体の変異の内積で定義される物理量です。仕事をすれば、エネルギーは増減するので、合理的に説明できます。しかし、市場経済における仕事は、エネルギーで説明されません。合理的経済人が最適な仕事を見つけたとしても、自然人は、その仕事を合理的結果だとは評価しないでしょう。

歴史的な時間の中に社会を見る

個人の合理性を仮定したモデルとは別に、社会という全体的な事象を捉える方法論があります。個々の人間の意思から独立して、社会の特徴を観察するわけです。アマゾンの奥地で暮らす原住民の社会と東京やニューヨークなどの大都市の社会は異なります。同じ日本でも東京と大阪では異なる社会的特徴が見出せるでしょう。

それは、原子や分子の動きは観察せずに、水やダイヤというような液体や固体などの特性を分析する視点かもしれません。原子や分子の構造を人々の繋がり方としてイメージしてみてください。物質の分子構造と同じく、社会の構造が決まれば、ここでも人間臭さを消し去ることができます。人間の社会をモノとモノの関係のように物象化して捉える方法です。

カール・マルクス（Karl Marx）の『資本論』（*Das Kapital: Kritik der politischen Oekonomie*）に依拠したマルクス経済学（Marxian economics）は、歴史的な生産諸力の物質的構造が社会を決定するという捉え方をしました。個々人は、生産活動の物質的な構造に抗うことができず、歴史的に定められた社会的背景のなかで物語が展開されます。土地を支配する者が、これを分与することで主従関係を作り上げていた封建時代は、王や貴族、あるいは武士や農民といった階級的関係が成立していました。人々の暮らし向きは、この階級的な社会関係の中で決められ、同じ階級の人は同じような生活をすることになります。

資本主義社会における資本家と労働者の階級対立も構造的に逃れられないものと考えます。株主に代表される資本家とその代理人である経営者、管理職となる部長や課長、そして部下のいない従業員、工場の生産現場にいる労働者、そして派遣社員やアルバイトなど、様々な仕事上の階層関係が成立しています。人々の物語は、社会的な背景に規定されていると考えるのです。

合理的経済人が集合する市場に歴史的関係を導入すると、各自の合理的な機会選択は制限されることになります。選択肢が限られると、自由な意思決定はできません。

文学的な視点と自然科学的視点

個々人には差異があるために、これを特定する意味はあります。しかし、主観的な個人の特徴を抽出して、他者と異なる価値観や構造、あるいは機能を説明するのは難しい作業だと思います。共感の持てる共通部分ではなく、違いに焦点を当てるのは、科学的な作業に適さないかもしれません。繰り返し観察されることではなく、稀にしか現れない事象の説明は、科学者が苦手とするところです。共感の持てる共通部分ではなく、共感は持てるが、自分とは異なる個性や特殊性の発見です。

芸術作品を理解してもらう難しさを考えてください。音楽の趣味は、人それぞれに異なります。私は、一流の音楽家が最高級の楽器で演奏する音楽と、普通の楽器で演奏する上手な音楽サークルの演奏を区別できません。絵画や彫刻も、上手な人はたくさんいますが、芸術的価値を認めてもらうのは至難の業です。文学作品の評論も難しいと思います。こうした主観的な評価を客観的な評価に変換する仕事は、言葉やその他の表現方法による説明力に依存するでしょう。文学的な素養とは、主観的な評価を客観化できる才能かもしれません。

イノベーションを起こすような事業構想は、主観的物語を客観化することです。主観的な資源の結合方法を説明し、資源提供者を説得して協力者を募り、主観的物語を不特定多数の人々が理解できる物語にすることです。起業家の活動が成功するのは、個性のある新規事業を客観的で標準的な市場取引にすることです。創造的な起業家は、データの存在しない主観的なイメージを創造します[2]。それは基本的に文学的なのですが、その営みが市場化する過程で社会科学の対象になるわけです。

一方、市場という合理的経済人の集合体を想定した場合、文学的なアプローチは無視されます。自然科学に近い形で社会を認識しようとします。市場が形成されているため、個々人の主観的な評価や活動は、不特定多数の市場売買によって見えなくなっています。主観的な個人のデータを集めているはずですが、個々人のプライバシーは隔離され、客観的なデータが存在するようにしなければなりません。

しかし、集めた個々のデータは、質の異なる主観的データの集合です。質の相違を前提としつつも、平均化した集合体を作るのです。人々の多様な行動は、平均値とは異なるモノですが、客観的な集合体としての人間モデルが存在するように仮定し、それ以外の人間をサンプルから意図的に排除するのです。市場の均衡価格（equilibrium price）とは、主観的な選好を客観的な選好であるかのように転換する巧妙な技法です。

私たちが社会を説明しようとするとき、無意識のうちに、説明に適さない不都合な人間を切り捨てます。管理機能の失敗に焦点を当てれば最適資源配分の議論はできません。多様な起業家の個性に着目すると、その時々の市場価格からは最適資源配分を説明できません。しかし、抽象化した理念型人間は、意図的に無視した人間をあぶり出してくれます。市場の最適資源配分を論じると、組織の意思決定や起業家的着想には目をつむることになりますが、この議論が経営管理や起業家の存在を認識させることにもなるのです。

自分が観察したい社会問題に焦点を当てるには、抽象化した人間像を描き、社会をモデル化することが必要です。これは人間観察に基づいた社会に関する仮説の構築です。仮説は、特定の事象に焦点を当て、それ以外の事象は意図的に捨て去ります。人間をモデル化するには、その特徴を浮かび上がらせるデータを探し出し、捨象したデータを無視する操作を行います。それは、仮説に説得力を持たせるための実験室を作ることです。自然科学的な方法に依拠することで、繰り返し検証可能なモデルを構築しようと試みます。しかし、その実験室を作る段階で、実験室に入れない存在が新たな仮説の種となり認識対象になるのです。

道徳科学と自然科学

経済学は、社会を生産と消費という視点に焦点を当てて考察しています。生産されたモノは、人々の所得となり、これが分配されて消費生活を営むという物語です。合理的経済人を定義し、その意思決定や行動を演繹的に積み上げ、その結果としての集合的モデルから経済活動を考察する方法は、一つの世界観を作りました。

それでも、人間を型にはめるのは難しい作業です。非現実的な人間を集合させても現実の社会を説明することにはならないという批判が起こります。これは当然です。合理的経済人を想定することなく、集合的な社会的特徴から経済の世界を描く方法は、代替的な思考方法です。

いずれの方法に依拠しても、実際に観察されるのは泥臭い人間の活動です。経済学は、こうした生きた人間を観察しつつ、経済的な機能面に着目して、ストーリーを描こうとするわけです。私小説のような人間ドラマを観察しながら、経済社会を理路整然と論じるというのは至難の業です。社会科学を自然科学化することは、人間の社会を物理的モデルと見なし、将来予測に役立てようとします。しかし、人間の社会を意思のない物理的な諸機能に還元しても、観察者が人間である以上、何らかの意思が働いています。意思を持たない人間モデルは、意思を持つ人間によって政治利用されることもあります。

自由のない閉じた社会から解放されたとき、自由な機会選択を保障する社会は魅力的に映ったかもしれません。市場による自由な取引が人々の活気の源になると思えば、これを純粋な機能に昇華するモデル化を試みます。あるべき社会という価値観が、モデルを作り上げてしまいます。最適資源配分のモデルは、希少資源を有効に利用すべきであるという価値観の反映です。

具体的な人間像は、観察者によって異なります。経済的な機能を定義する際に、観察者の価値観が影響を及ぼします。観察者のあるべき社会を想定した上で、特定の機能に着目するでしょう。格差社会に問題があると考えるとき、これを説明するための機能を抽出しようとします。資本家と労働者という経済主体の定義は、ある種の価値観の反映かもしれません。失業者が問題であると考えるとき、賃金の下方硬直性(3)というモデルが生まれます。社会科学が人間を研究の対象とする限り、人間味のある議論が不可欠です。「貧困問題を解決したい」「多くの人に幸せになって欲しい」と考える道徳的感情が研究の目的となるときに、多くの人に受け入れられ、共感を得ることになります。

こうした価値観は、経済モデルの表には出てきません。そもそも個々人の価値観を問題にすると、その後の議論ができなくなります。他人の価値観は否定できません。その善し悪しを証明できませんから、思考停止に陥らせます。この状態を避けるため、機能のみに着目し、「あるべき姿」のような価値観を問わない努力をしています。

それでも、価値観の相違が、諸機能の定義に反映しています。たとえば、資本家は、労働者を搾取する存在と定義されます。また、希少な資本供給者という肯定的な定義もあります。両者は、かなりイメージが異なります。機能を絞り込み、経済主体を定義することは難しいのです。厳密に定義したつもりでも、暗黙裡に前提条件の相違をもたらし、議論を混乱させる原因となります。

［注］

（1）マーシャルは、普通の人間に近い行動範囲や行動時間を想定して理論を構築していますが、ワルラスは特殊な役割を持つ人間（証券市場における立会人もしくはセリ人）を仮定して、機械的な計算が可能な世界を想定しました。市場の価格機構を説明する教科書は、ワルラス的な人間が想定されているように思います。

（2）起業家の思考方法に関するデータは研究対象となっています。エフェクチュエーション（effectuation）というような起業家的思考法は、因果推論（causation）とは異なる多様な思考プロセスであり、ビジネスモデルの構築方法に類似するようです。

（3）J・M・ケインズ（John Maynard Keynes）は、『雇用・利子および貨幣の一般理論』（*The General Theory of Employment, Interest and Money, 1936*）において、労働市場における需給調整に着目しました。失業は自発的失業と非自発的失業に分類され、非自発的失業の原因として、名目賃金が労働の需給に伸縮的でなく、下方に硬直的であると論じました。

第3章 「見えざる手」と「見える手」

―市場と経営組織―

市場（個人）と組織の選択

理念型の市場に棲息する合理的経済人は、原子のように小さな個々人です。蟻の活動を眺めるように社会を捉えます。合理的経済人は、生産するときに企業となり、消費するときには家計となり、自己の責任において私有財産を取引します。しかし、大事な財産概念は表に出ません。取引に時間がからず、1回毎に清算されるため、財産を扱う枠組みを用意していません。

現実の社会では、財産概念は人生設計上の重要問題です。何度も繰り返される取引の中で、財産が増減します。私有財産制度と言っても、各個人は、この財産をすべて自己の責任で取引しているわけではありません。各自の意思決定権は、特定の人格に委譲されることが多いのです。

家計の消費は、世帯単位で行われます。複数の家族からなる世帯では、家族全員の総意か否かは別にして、家族単位の意思決定が行われます。企業の生産活動は、多くが組織化した活動を行い、代表取締役などの機関が意思を代表します。経営者による意思決定に組織構成員が従うことになります。何らかの目的をもって人間が集い、一定期間にわたり誰かが意思決定し、これに従って組織的に行動します。

企業組織内での意思決定は、時間的な制約の中で行われます。長期の宇宙事業を夢見ることもできますが、実際に計画を策定するときは、目標を達成する時期を決定します。通常の計画は、数年の期間を想定して、事業領域や職能など、個々人には一定の制約条件下における選択権しか与えられません。

経営者は、制約条件の中で、生産するか否かを判断します。経営者による生産決定は、企業という組織内分業の開始を意味します。組織内分業が市場の分業より効率的であれば、社会全体の生産時間は短縮化し、希少な資源の使用効率が高まります。

これは組織と市場の競争です。具体的事例としてスミスのピン工場で考えてみましょう。10人が一つのピン工場で働く場合と、10の生産工程を10人の企業家が担う市場との競争です。前者は針金から完成するピンまでの生産工程を組織内で分業します。意思決定者は、組織のトップです。後者は市場の分業です。針金屋、針金を伸ばす会社、針金を切る会社、針金の先を尖らせる会社、というように完成するピンまでの工程には多くの会社が存在し、その工程は各社の意思決定に委ねられた分権的な売買によって流れていきます。

組織と市場に関する事例は、現実的には自社と他社の比較です。市場取引を行う企業の多くは、既に組織化されています。自社組織における10人のピン生産は、他社のピン生産よりも効率的であるときに生産資源を確保できます。自社で針金を切るのではなく、ピン生産に適した長さの針金を他社に発注することもできます。ピン先を研ぐ仕事は、他社に託すことも可能です。経営者による生産開始は、他社の仕事を自社に置換えることであり、組織を拡大させることになります。経営者に委ねる意思決定権が増えることになるのです。

これは経済学と経営学の役割分担を考える上で重要になります。10人の工員による組織内分業は、経営学の主要な対象となります。市場の資源配分と組織の資源配分の問題は、市場の価格機構と組織内の経営管理の比較です。

モノを生産して販売する機能を分解してみましょう。資材や部品、燃料や機器備品、そして労働力の調達をしたうえで、生産活動が行われ、生産された商品は、保管され、営業活動を通じて販売されます。

こうした調達-生産-販売という仕事に加えて、雇用や人事考課、人材育成などの管理機能、資金を調達して、運営する財務管理、お金の出し入れと記録と報告をする会計の機能、新商品の開発を行う企画や販売方法などを検討するマーケティング、そして会社の方向性などを考える戦略の部署などがあります。

これらの諸機能は、一つの企業の組織内で備える必要はありません。生産に特化する企業や販売に特化する企業は普通です。企画や開発のみを行う会社もあります。人材を派遣する会社や資金の運用と調達を行う金融専門機関があります。税理士事務所や会計事務所も、企業の会計業務を分担しています。

大規模組織の企業は、多くの職能を抱え込みます。経営者は多くの組織内の人々の意思決定権を掌握します。小さな企業組織では、様々な諸機能を抱え込むことが困難です。5人の組織でも100人の組織でも1人の会計専門職で十分機能するなら、5人の企業組織の会計専門職は非効率です。組織の規模に関わらず同じ仕事をするのであれば、少人数の組織で働く人は多機能化しなければならず、専門に特化できなくなります。それでは、分業による特化のメリットが十分に活かせません。そのため、中小企業の経営者は、多くの意思決定権を他社に委譲しています。

経営組織と市場の人格

1900年前後になると、小規模な企業より大規模な企業組織の優位性が明らかになり始めます。希少資源の効率的利用は、市場より組織という選択です。人々は組織化された生産活動をするようになり、新たな社会科学が必要になりました。それは、経営学として認識される学問分野の形成です。

経営学の登場は、組織的生産や営業現場を認識する言葉を創造することになります。私たちは、言葉により、ある特定の現象を認識しますから、組織的な現象を説明する適切な言葉を創らねばなりません。

組織化した企業活動は、多様な側面を有していないとき、認識方法が確立されていないとき、人々は、既存の言葉を使って説明しようと試みます。工学的な言葉や経済学的な言葉、社会学や心理学などの言葉を用いて、それぞれが関心を持った問題を説明しようとします。

企業経営の現場では、その多様性から様々な知識と経験が必要になり、多くの学問領域の成果が応用されねばなりません。散乱した様々な知識と技術をまとめることができれば、経営者の習得コストを節減します。そうしたニーズから、次第に、経営現象を説明する言葉は、経営学としてまとめられるようになりました。

経営学が学際的研究として位置づけられるのは、経営現象が様々な視点から分析され、実践されるためです。マネジメント・ジャングルと呼ぶ経営学者の言葉は有名です。経営学における人間像は、複雑な捉え方になるわけです。

孤島のロビンソンは、自分自身で目的を見つけ、目的達成の最適な方法を考え、実行します。しかし、企業に雇用される労働者は、企業の目的には関心がありません。もちろん、その達成手段を自分で考えようとはしません。当然のことですが、企業の経営者は、労働者を働かせる必要があります。

フレデリック・W・テーラー（Frederick.W.Taylor）は、1911年に主著『科学的管理法の原理』を発表して、『科学的管理の父』と呼ばれています。ノルマとなる作業量を決定するために、労働者の動作と時間を研究して、作業の標準化と課業管理を提案しました。経験則に頼っていた労働を科学的に分析し、労働者が働く最も効率的な方法をノルマとする管理方法の提案です。

しかし、既にアダム・スミスの時代でも、生産工程は管理されていたはずです。スミスが観察したピン工場は、試行錯誤的ではあっても、各工程は細分化され、単純な作業になっていたのです。テーラーは、労働者の働き方が確定しておらず、各自が勝手に活動する生産現場を観察しました。そして、バラバラな工員の働き方を標準化するため、作業工程の模索過程を管理して、標準化することを提案したわけです。作業時間を測定して、最も手際の良い作業を標準的作業としてマニュアル化し、労働生産性を高めようとしたのです。

労働者からは、人間性を無視して、労働者を機械のように扱うことに反発が生じます。各自の裁量的な意思決定権が取り上げられるからです。しかし、テーラーが観察した人間は、無駄の多い非効率な作業者でした。彼は、人間性を無視したわけではありません。むしろ、徹底した人間観察をして、楽に仕事を遂行するマニュアルを考えたのです。しかし、その結果は、作業効率という言葉で表現されたため、誤解も生まれました。

標準的な作業工程を見つけ、生産性を高めるプロセスは、非合理な人間を合理的人間に矯正するプロセスです。合理的経済人というよりは、合理的労働者と定義できるかもしれません。機械と代替可能な単純な労働者ですが、機械を補完する労働者でもありました。

単純労働は生産能力を簡単に評価でき、参入・退出の機会を認識することが容易です。しかし、参入・退出の決定権は、労働者には与えられず、経営者の雇用と解雇の決定に委ねられます。選択の自由は、労働者にはなく経営者のものとなりました。

テーラーの想定する労働者は、労働市場から調達する生産要素ですが、組織内のマニュアルに従う人材です。この科学的に管理された労働者の登場が、画一化した単純作業に勤しむ標準的な労働機能となり、市場モデルに組み込みやすくなります。スミスのピン工場のように、工場組織の労働者像が市場における生産要素としての労働者像となるわけです。組織で管理・育成された労働者は、純粋な単純機能に特化することで、市場モデルにおける機械と代替可能で、機械の歯車となる労働力となります。

テーラーの科学的管理法は、フォード自動車の生産性向上に貢献し、T型フォードとなって市場を席捲することになります。現代のようなグローバル化した経済では、貨幣資本と同じく、世界の隅々まで単純化した標準的労働が進展します。価格競争に馴染む労働者の概念は、テーラーの科学的管理法なしには普及しなかったかもしれません。

科学的管理法は、管理対象を明確に絞り込み、労働者のデータを集め、これを分析する手法です。経営者や管理者は、テーラーの考案した管理手法を道具として使うことで、労働者の生産性を向上させることができました。テーラーは、新たな無形資本を創造した起業家的研究者なのです。

しかしながら、人間労働の機械化には限界があります。作業効率を高める動作が発見できても、同じ動作を繰り返す作業は苦痛です。労働者には生産に関する意思決定権が与えられません。細分化された生産工程は、何をするのかという自由な選択権がないのです。そこに人間性は感じません。労働を標準化しようとするテーラーは、工学的管理の対象になる人間を観察しましたが、精神的側面の観察はしませんでした。人間の精神面を認識していなかったわけではありません。肉体的労苦のみならず精神的苦痛も考えていたと思いますが、敢えて、触れなかったのです。問題を絞り込み、人間の意思や感情を排除することが科学的手続きと考えたのでしょう。

経営者は、常に労働者の生産性向上に関心があります。そのため、精神科医メイヨー（George Elton Mayo）や心理学教授レスリスバーガー（Fritz Jules Roethlisberger）の研究は、経営者にとっての関心事でした。彼らは、１９２４年から１９３２年という長期にわたり、ウエスタンエレクトリック社のホーソン工場で職場環境の実験をします。この研究は、照明度や温度、湿度などの作業環境と能率の関係を見つけようとした研究です。

しかし、作業の環境や条件と能率との間には期待した関係が見つかりません。彼らが当初に想定していた仮説は検証できなかったのですが、代わりに新たな発見がありました。労働者たちは、職場の公式的な職務関係だけでなく、非公式な関係に影響を受けるという仮説です。それは人間関係論と言われる研究分野になります。心理学や精神科医の領域から分析する新たな人間モデルでは、ロボット的な人間観は排除されるでしょう。

ハーバート・Ａ・サイモン（Herbert A. Simon）は、*Administrative Behavior* 等の研究が評価され、ノーベル経済学賞を受賞しましたが、政治学や認知心理学の研究者です。人間は、不確実な状況での意思決定に際し、標準的な経済学が想定するような合理的人間ではなく、認知能力に制限がある限定合理性しか有していないというのです。

これは画期的な発見というより、誰もが当然と思う人間観でしょう。(1) 選択肢のすべてを列挙することもできません。仮にすべてを列挙できたとしても、選択肢が増えれば、これを適切に評価することはできません。最適資源配分を実行する「経済人」(economic man) ではなく、機会選択を行うのは、限定された合理性しかもたない「経営人」(administrative man) という人間観です。

スミスが眺めたピン工場は、工場内分業が完成されていました。誰もが合理的な仕事を黙々とこなしているように見えたわけです。しかし、テーラーの科学的管理が明らかにしたことは、工場内分業が自動的に成立するのではなく、経営者もしくは工場管理者による「見える手」によって調整された結果なのです。それは、無駄な人間行動をいかにして合理的行動に矯正するかということでした。労働者は、何が合理的労働なのかを知りません。働き方のノウハウを持っていないのです。経営者は、テーラーの科学的管理法により、労働者に合理的働き方を教えられるようになったのです。

工学的に管理されたテーラーの人間像は、合理的経済人モデルとの共通項があります。しかし、市場における最適資源配分論を語る目的はもたず、生産性を高めることに目的がありました。不完全な人間の労働を合理化しようという試みですが、生産方法が変われば、新たなマニュアルが必要になります。

経営者は、新たに対象を観察し、合理的作業方法を見つけねばなりません。しかも、労働者の人間関係など、精神的ストレスまでが管理の対象になります。経営者が管理すべき対象は、人間の合理性の欠陥部分なのです。

現代の経営管理で常識となったPlan-Do-Check-ActionのＰＤＣＡサイクルは、アンリ・ファヨール（Jule Henri Fayol）の提唱した管理過程論です。人間が限定合理性しか有していないために、限られた視野から情報を収集し、知識を紡ぐ計画（Plan）が必要になります。計画は、経営者や経営人が集い、様々な選択対象の中から最善と思われる機会を選択することです。

計画が策定されても、実行（Do）するのは人間です。当然ですが、計画通りには進みません。計画を遂行する人材の評価は簡単ではありません。そこで、執行内容を監視（Check）し、計画との乖離を修正（Action）しなければなりません。このＰＤＣＡサイクルが必要なのも、人間の合理性が制約されているからにほかなりません。

ファヨールの経営管理論が発展すると、[2]生産現場のみならず、営業や企画などの現場でも、テーラー的な管理手法が導入されます。仕事の内容は、科学的に分析され、マニュアルとなります。それは、職務内容を明確にしたジョブ型雇用であり、職務遂行と引き換えに給与を受け取る雇用形態となります。当然、職務の専門的内容は契約書に記載可能であり、職務内容を達成することで評価されます。

企業同士の売買取引と同じく、仕事の内容が商品となりますから、市場取引と組織内取引の比較が可能になります。そもそも、原子論的な市場では、不特定多数の企業が取引を行いますが、それは細分化した労働者の職務を相互評価し、企業同士の取引をしているのです。

ファヨールの管理論も、管理が必要な不完全な人間をマニュアル化し、標準化することを意図したモデルです。労働市場は、ブルーカラーと呼ばれる工場労働者のみならず、ホワイトカラーを含むすべての労働力を質量に応じて価格付けする機能を持ちます。

従業員は、自らの職務能力を勘案しつつ最大の賃金を支払う企業に労働力を供給しようとします。しかし、職務内容を細分化すれば、生産工程と同じように単純な労働となります。職務が限定されると機械に代替されます。

標準化の模索と裁量的意思決定

事務的な手続きがルーチン化すれば、コンピュータや人工知能（artificial intelligence：AI）と代替可能な労働力となります。仕事の内容が標準化すれば、市場型の「見えざる手」による取引に代替されます。各企業組織には、特殊な仕事が残りますが、他社にとっては意味のない仕事です。つまり、そうした特殊な仕事は、その能力を磨いても、他社に売ることができず、買手（企業側）独占となり、従業員の不利益に繋がります。

標準化は、市場化を進めますが、すべてが標準化すると市場取引も組織内取引も差異がなくなります。マニュアルが標準化すると、職能に変化がなくなります。標準化の完成は、高度な専門職や思考能力を問いません。医師のような専門職も、患者の症状と処方箋を結び付けるだけです。内科、小児科、皮膚科、循環器科、耳鼻咽頭科など、医療情報に応じたマニュアルが人間の医師をロボット医師に置換えることになります。

ロボット医師が患者の症状を読み取る能力に長けていれば、人間の医師は太刀打ちできません。患者は、自らの症状をロボットに話すか、キーボードに打ち込めば、必要な薬剤の処方箋が出力されます。治療方法は、細部化したジョブマニュアルに従い、単純作業に分解できます。ＡＩが中央集権的に情報を管理し、医師は単純労働者となります。患者は医師や医療機関を選択する必要がありません。もはや、人間の意思決定を管理する必要はなくなります。

しかし、実際には医療は進歩しています。医学の発展は、ある種の起業家的研究者によって支えられます。新型コロナウイルスは、新たな研究が必要になりました。治療のできない難病は、常に残されています。がん治療の最前線では、新たな医療技術が開発され、医師はその治療方法を習得しなければなりません。

医療の進歩の都度、細分化されたジョブ内容は変化し、新しいマニュアルを作成し、そのデータ入力が行われます。皮膚科や循環器科などの細分化されていた領域でも、その境界が変化します。薬剤の処方箋も、治療法も変化し続けます。人間労働は、こうした変化する時間のなかにあります。「現在の医療では、これが最善の選択です」というのは、その時点のマニュアルに書き込まれた状況です。しかし、患者はそれさえ知りません。痛みや苦痛など、自分の症状を言語化することができません。優れた医師は、患者の症状を読み取るコミュニケーションが必要になります。ＡＩにデータを入力する場合も、専門的な知識に裏打ちされたコミュニケーション力が求められます。コミュニケーション力は、取引相手との交換を円滑化する働きがあります。

専門領域により異なる医療知識や技術の蓄積があります。患者が言語化した症状は、専門領域によって異なる解釈をするでしょう。医療機関の組織化は、こうした領域間のコミュニケーションを円滑化し、医療サービスを効率化します。

職務内容を相互に見直し、各自の能力を育成するようなチーム型雇用は、ジョブ型雇用と対照的です。患者の治療方針を巡り、それぞれの持っている知識や技術を擦り合わせます。こうした多能工のような仕事の仕方は、マニュアル化が困難です。言い換えると、マニュアル化できない仕事は、専門の医師の垣根を超えて、取り組むことになるのです。

チーム医療は、リーダーによる経営者的な調整機能が必要であり、治療が終わるまでは、医師や看護師の知識や技術は形成過程にあり、分業構造も試行錯誤の状態にあります。そうしたプロセスにおいてメンバーの交替は有効ではありません。仕事の引き継ぎは、知識の伝達が必要ですが、そこには漏れが生じます。

医療サービスは象徴的ですが、これはすべてのビジネスに共通します。単純な工程に還元できない作業や擦り合わせ技術など、標準化されていない知識や経験の結合が、新たな部品や製品の試作に繋がります。ビジネスの現場では、購買、生産、販売の専門家のみならず、法律の専門家や会計専門職が加わります。

チーム作業が、契約書に書き込むことのできない未完成な仕事内容であるとき、組織における人材は、職務に特化しないことで存在意義を持つことになります。契約書に書き込めないというのは、マニュアル化できない職務であり、その曖昧な部分の意思決定権をチームに委譲することになります。

イノベーションをもたらすような新たな事業の構想は、契約された内容を遂行するジョブ型雇用では生まれません。チーム型雇用は、経営者による人材育成によって起業家的な能力を発揮します。経営者による権限委譲です。

環境変化に応じて、常に新たな仕事が必要になります。マニュアル化できない仕事に直面する人間のモデル化は、組織論や人的資源管理論などの関心事でしょう。

[注]

（1）以前から、人間の意思決定の限界は認識されています。それは、社会科学的に人間を分析しようとしたDavid Hume（1740）が指摘しているところです。

（2）ファヨールの管理原則は、相互に矛盾のある原則が取り上げられるなど、必ずしも科学的な分析が行われたわけではありません。

第4章　個人と組織は異なる
――人間観に基づく理論構築――

取引コストに見る人間観

企業の組織化は、経営学を誕生させるための条件です。サイモンの経営人は、組織内で意思決定を行う経営者です。経営者の意思決定は、限定的な合理性の中での機会選択となります。市場取引が、不特定多数の取引相手の狡賢い機会主義的行動を前提とするのであれば、他人を疑うことなく取引できる、特殊な環境を作ることが必要になります。それは、経営者が設計する信頼できる組織です。

人間の制約された合理性と機会主義的行動は、市場取引に関するコストに注目させます。ロナルド・H・コース（Ronald H. Coase）やオリバー・E・ウィリアムソン（Oliver E. Williamson）が指摘したように、どのような市場取引でも、情報を収集するコストや取引相手との交渉コスト、さらには相手を監視するコストなどが必要になります。完全競争市場とは異なり、実際の売買には、こうしたコストがかかるのです。これは取引コスト（transaction cost）と呼ばれます。

制約された合理性しか有していないため、自分が欲する財・サービスを見つけることは容易ではありません。選択肢を列挙し、機能や外観、その組み合わせなどから、最適なモノを選び出すのに悩みます。選択の苦労と時間は、探索活動のために人が働く探索コストです。

最適な財・サービスを見つけても、交換できるか否かは交渉次第です。取引相手は、自分に不利な情報を隠し、他人を騙そうとするかもしれません。交渉コストは、こうした取引相手の機会主義的行動を前提としています。

交渉が成立して、契約が締結された場合でも、取引が履行されるまでは監視が必要です。取引相手の仕事を傍で確認していれば、他の仕事が犠牲になります。職場が同じであれば、監視は簡単ですが、離れた職場では監視のコストは高くなります。見ず知らずの他人との取引は、簡単ではないのです。

取引コストが高ければ、他人との分業を諦め、売買という私有財産の交換は行いません。しかし、分業のない自給自足では、生産性が低いため、市場に代わる組織内分業を選択することになります。売買という私有財産の交換ではなく、私有財産を形成する組織内部の交換です。

経営管理の巧拙は、他社との分業と自社の組織内分業の比較です。それは、市場の取引コストと経営管理コストの比較でもあります。組織内取引の当事者は、企業が雇用する従業員ですから、私有財産が形成する組織の価値増加は、従業員の働きに関わっているわけです。そのため、経営者は、労務管理や人的資源管理、組織の設計や管理をしなければなりません。

取引コスト論が想定する人間は、合理的な人間を想定できません。私欲を追求しようとしても、市場取引には摩擦的な要因が多すぎて、諦めてしまうかもしれません。法と秩序の整備された社会は、怪しい取引を排除しようとしますが、新種の財やサービスが登場するたびに、取引コストは上昇します。

資源配分は、合理的経済人による市場の自動調節機構だけではなく、経営者による「見える手」に差配されることになるのです。取引コストが組織内取引を選択させ、経営人材を養成することになるのです。

経営者の意思決定

市場取引にかかるコストに着目することで、企業が組織化する意味が理解されます。しかし、市場と組織の関係は、実に複雑です。事業領域や規模、そして職能の組み合わせにより、組織と市場の選択が行われます。職能型組織や事業部制組織、そしてマトリクス組織や分社化など、様々な組織形態が考案され、資本の効率性を追求してきました。組織化は、経営者に意思決定権を集中させるため、経営者の能力が重要視されます。

組織と市場の選択は、時代とともに変化してきました。技術進化は、選択肢を変化させます。生産活動の機械化は、大規模な株式会社を制度化し、資本家の特徴を変えました。熟練の工員が姿を消して、不熟練労働者が生産現場に立ちます。大量生産を前提とする生産規模の拡大は、大量販売を可能にする営業系の人材を増やします。ＩＴ技術が多くの業務を効率化します[1]。環境の変化に応じて、企業が必要とする機能や組織構成が変化します。

従業員の雇用が必要になる分野は組織を拡充しようとし、機械などに代替される職能は、人員を整理することになります。市場と組織の機会選択は、経営者による意思決定の範囲を決定する企業戦略や事業戦略です。取引コストは、経営者の意思決定が及ぼす広狭で市場と組織の境界が決まるという概念です。それは、市場の分業と組織内分業を巡る資源配分の競争として捉えられます。

市場と組織内分業の競争は、資源配分の効率性を追求し、その目的に応じて、従業員の働き方や評価が変わります。資源配分の背後には人間の働き方がありますから、市場に委ねる人間の役割変更と組織内人事の管理の優劣が問われるのです。

経営者の意思決定は、不完全な情報と不確実な将来を予想して行われます。合理的経済人のようなモデルと異なり、その意思決定の結果が問われ、評価と反省が行われます。経営者は、失敗と成功を繰り返しながら、組織の目的を達成しなければなりません。

この調整には、一定の時間を要します。経営者は、企業内組織の最適な資源配分を模索することになるわけです。従業員の能力育成や評価、最適な仕事への配置、仕事の段取り、生産ラインの工夫など、労働者や資本の過不足に応じた資源配分を行います。市場の資源配分に要する時間と組織における調整時間を比較します。それは資本の効率性を比較することになるのです。経営人は、こうした時間の中で意思決定をしています。

市場における資源配分は、価格シグナルに従います。市場価格は、価格比較サイトなどインターネット技術の発展により時間をかけることなく、最も安い価格に収斂するようになりました。しかし、それは誰もが知る商品やサービスの価格です。商品の魅力を発見し、そこに資源を投入するコストは、組織内の意思決定プロセスで決まります。このコストが市場で承認された時に価格となります。市場と組織の取引は、差別化した商品の価格決定について、その優位性を競争していると考えるべきでしょう。

取引コストと商人の役割

市場と組織は相対立する概念とは言えません。市場は、経済主体の交換の場です。企業が組織化しても、企業同士は相互に市場取引を行います。組織内分業を巡る企業間の競争は、取引コストの引き下げに繋がります。

企業が生産した財やサービスは、営業活動なしには販売できません。小売店や卸売り、広告代理店や物流業者も関与します。企業の雇用には、求人情報や人材紹介会社などの企業が関わります。資金調達には、銀行や証券会社などの金融機関が必要です。企業と企業、企業と家計に要する取引は、このような商業活動です。つまり、市場の取引コストは、商業活動のコストなのです。

企業の市場取引は、商業に携わる人の意思決定に委ねられており、この意思決定を担う企業組織が必要になります。商業活動は、市場取引を機能させる活動であり、企業組織間の競争を活性化し、取引コストを削減する役割を持ちます。それは商人が活躍する商業資本を形成しています。

市場取引の典型的な障害は距離です。冒険商人の時代から距離は、市場取引を考える上で重要でした。出資者は、航海中の船長や船員を監視できません。地球の裏側での取引は、不確実性が高く、難破も考慮しなければなりません。合理的な意思決定をしたくても、船員や遠方の取引相手を知ることはできません。

このように取引コストが高い状況では、商品の価値を評価できません。商品の売手も買手も、自ら船に乗り込み、遠方での取引を行う必要があります。つまり、貿易船を自らの意思決定の下に置く必要があります。他人に任せるのではなく、自分の意思決定と行動が求められます。これは企業の創業を意味します。

貿易に成功すれば、不確実性やリスクに挑戦した活動の報酬として利潤が得られます。こうした冒険的企業の創業は、起業家的活動であり、船の建造や船員の管理、取引先との交渉などの経営者の「見える手」による介入です。成功者の利潤は、これを羨む模倣者の参入を促します。利潤機会に殺到する人は、冒険商人となり、企業の増加が市場を形成します。

市場への参入者の増加は、利潤機会を漸次消滅していきますが、それは商業資本が形成する市場取引の活性化でもあります。そして、商業資本が蓄積し、企業の市場取引が飽和状態に達すると、取引コストは最小化され、最適資源配分は市場価格に委ねられることになるのです。

市場に存在しない商品を手に入れる取引コストは無限大です。そうした商品を獲得するには、起業家となり、事業を立ち上げねばなりません。この事業が成功すると、模倣者が参入し、商品の普及過程で取引コストが低下していきます。取引コストが低下する過程は、先行して参入した起業家に利潤を享受させます。市場を形成しない商品は、利潤を獲得できません。

取引コストの低下は、組織内分業の相対的価値を変化させます。成功した企業も、環境に応じて変化しなければなりません。しかし、経営能力は固定的であり硬直的な部分があり、これを調整しないと企業組織は成長できません。三菱重工は、国産旅客機（ＭＲＪ）の開発に右往左往しました。自社開発に拘り過ぎたためでしょう。開発チームは、外部人材の受け入れに拒否反応を示したのかもしれません。

市場と組織というのは、外部から人材を受け入れるか否かという問題とも関わるのです。こうした組織内調整は、Ｅ・Ｔ・ペンローズ（Edith Tilton Penrose）が論じたペンローズ効果と呼ばれます。ペンローズ効果は、市場と組織の比較をする上で重要な概念です。

法人という組織的人格と経営人モデル

取引が成立するのは、個々人が生産者になり、生産者相互が交換を行うということです。各自は、環境を分析した上で、自分の職業を選択します。原子論的個人を想定すれば、職業選択とは起業機会の選択です。生産者になることは個人の責任に委ねられています。もちろん、合理的経済人は、情報を与えられている限り、間違った選択はしません。

しかし、サイモンに指摘されるまでもなく、人間には限界があります。子供に教育が必要なのは、判断力を養い責任を全うさせるためです。大人になるのは、社会人になることですが、それは消費者であるだけでなく、生産者になるということです。自分の生き方を決めるのは非常に難しいものです。環境分析を間違えれば、生産者としての存在意義がなくなります。他者との交換を拒否される生産者は、社会から排除されてしまいます。

方法論的個人主義は、合理的な個人の意思決定を前提とした経済モデルを構築しています。しかし、多くの個人は、生産活動のための情報収集に時間をかけねばなりません。その情報も正確ではなく、取引相手との交渉では、情報の非対称性という壁が存在します。取引コスト論が発見した事実は、ひとりの人間が情報を収集し、これを分析し、最適な交換対象や取引相手を見つけ、交渉コストや監視コストを負担するには限界があるということです。商人の存在意義は、こうした取引コストの削減です。

一人前の大人として、責任ある交換取引を行うには、多くのコストが必要になります。大人になっても、自分の行動に責任を持つのは難しいでしょう。こうした難問も、分業の対象になります。自分がなすべき仕事を決め、これを実行する過程を分業の仕組みで考えましょう。

情報を収集する人、これを分析する人、交渉する人や監視する人が、専門的に特化することで、あなたの目的とその達成方法を決定します。この分業が、市場取引で難しいと感じる時、組織内取引が行われます。

あなたは、個人として生産と消費の意思決定を行います。各自がその諸機能に特化し、独立自営の企業を営むとしましょう。究極的な機能分化は、肉体的仕事の分業のみならず、頭脳労働のすべてを分業化します。それは、意思決定過程の分業であり、特化した仕事以外のすべてを他者に考えてもらうことになります。

しかし、生き方を他人に委ねるということは、自立したことにはなりません。独立した企業とは見なせないでしょう。経営戦略のような重要な意思決定を他社が決める場合、それは親会社に支配される子会社です。

自立した企業人は、社会を俯瞰する教育を受け、目的の選択や交渉術、監視方法などの経営ノウハウを修得し、利害関係者との調整をしなければなりません。ＰＥＳＴ分析やＳＷＯＴ分析などを利用して、自らのキャリアデザインを企業戦略として描きます。重要な意思決定は、多種多様な意思決定から編成される多能工的な頭脳労働となります。

人生の目的は、時間をかけても見つかりません。コストのかかる作業です。社会人となるすべての個人が、それぞれに異なる目的を見つけ、独立した企業を創業するというのは現実的ではありません。そのような考え方では、家庭内の組織内分業さえ成立しません。

組織内分業が成立するには、各自のキャリアデザインを組織の意思決定者に委ね、これを組織目的に統合しなければなりません。個人と組織の目的の乖離は、経営者の重要課題となります。法律上、組織を自立したひとりの人格と見なし、意思決定主体として仮構するのです。

個人の合理性は問題になりません。組織内の各個人は、自分の意思を持たず、組織の意思決定に従います。もはや、方法論的個人主義は、方法論的組織主義とでも呼ぶべき思考方法に転換します。個々人の合理的意思決定を積み上げて市場モデルを描くのではなく、組織の意思決定の積み上げが市場社会を構築することになります。

もちろん、各自が完全に自立する市場取引と各自の意思決定権を経営者に委ねる組織内取引は、二項対立する概念ではありません。両者の中間的な取引形態が成立しています。グループ内取引や中長期的に継続する企業間取引があります。フレデリック・ラルー（Frédéric Laloux）が示したティール組織（Teal Organization）のように、組織内の各構成員が自己の意思決定と責任で取引を行うフラット型組織は、組織内市場取引のような仕組みになります。

また、非常に重要なことですが、企業が投資決定を行う場合、機械設備を購入すれば市場取引ですが、内製化すれば組織内取引です。しかし、購入か内製に関わらず、設置後の機械は、組織内で労働力と結合して稼働することになります。新規の機械設備の稼働は、既存の従業員が対応するとは限りません。新たな雇用が必要になれば、労働力も市場からの調達となります。

資本も労働も、市場から調達した生産要素です。新規事業の展開で、内部の人材に拘るか外部人材に門戸を開放するかによって、生産性に差が生じるでしょう。自前主義に拘った開発と、様々な技術者に依存するオープンな開発についても、市場と組織の選択問題です。市場と組織の選択問題というのは、市場から調達するか否かの意思決定段階であり、調達した後は、すべて企業組織内の分業になるのです。

経済人モデルは、ロビンソンのような自己責任で意思決定する合理的な自然人でした。しかし、経営人モデルは、合理的法人を前提とした組織のモデルとなります。組織としての企業概念は、取引コスト論により登場したわけですが、取引コストには市場と組織を明確に分割する基準はありません。

虚構を生み出す株式会社

法人格を有する組織的企業の代表は株式会社です。株式会社は、現在のところ、資本結合の最高形態です。実に、上手く工夫された仕組みです。出資者である株主は、すべて有限責任です。借金をしても、倒産すれば責任を問われませんから、思い切った事業をして大儲けするチャンスがあります。しかし、失敗しても、他者から借りたお金は返しません。債権者の犠牲の上に成り立っています。調達する資本を少額の株式に分割し、株式市場に上場することで、不特定多数の零細な株主から資本を調達できます。株主になっても、株式を譲渡すれば、いつでも株主の地位を捨て、投資資金を回収できます。その上、少額に分割された株式は、多様な銘柄に投資することでリスク分散ができます。私有財産の権利（所有権）を分割することで、多数の投資家が簡単に取引できる市場を作りました。

株主の有限責任制と、譲渡自由な株式制度、そして分散投資は、投資家のリスクを軽減し、投資価値を高めると同時に、所有と経営を分離する条件でもあります。不特定多数の零細な株主から集めた資本は、経営者や特定少数の支配株主に利用されるかもしれません。まったく同じビジネスモデルの会社でも、株式会社は企業組織の構造に差が生じます。

とりわけ、上場した株式会社と未上場の株式会社では、事業の遂行能力は同じでも、異なる企業価値となります。上場した株式会社には、将来を期待した資本が集まります。そのため、株式会社は、本質的に、企業の実体と価値を乖離させる可能性を秘めているのです。堅実な実務の世界と将来を夢想する投資家の作る虚構の世界です。

株式会社の経営者モデル

株式会社の意思決定構造は特殊な人的関係を構築します。株主という資本家の財産運営を経営者に委ねる構造です。形式上の関係は、最高意思決定機関である株主総会が抽象化された本人もしくは依頼人（principal）となり、経営者は株主総会によって選任された株主の代理人（agent）になります。

経営者に託された株主の意思は、さらに経営者を依頼人として、階層化された組織構成員に委譲されます。経営者の意思決定は、自社内で行う各構成員の意思決定と行動の範囲を決める投資決定となります。

投資決定は、株式会社という制度化された組織内において、合理的な意思決定でなければなりません。それは、株主に託された希少資源を最適に配分することであり、株主利益の最大化により担保されます。

ここに新たな問題が発生します。代理人である経営者や従業員が依頼人である株主の利益に貢献するというのは、それを可能にするための制度的要件が必要です。私有財産制度に基づく市場取引が、利潤最大化を目指すというのは所有と経営、所有と労働が一致する場合に限られるのかもしれません。個人の財産価値の最大化は社会的な富の最大化に繋がるわけです。しかし、経営者と株主、従業員と株主に利害対立がある場合、アダム・スミスの世界は維持できるのでしょうか。

株式会社という組織は、合理的経済人の意思決定とは異なる可能性が出てきます。組織人は、株主を頂点としたピラミッド構造を前提として、階層化された命令系統に従う前提です。個人の目的と組織の目的が合致するとき、組織の指揮命令系統に忠実に従う人材となります。

しかし、組織構成員は、それぞれに個人の目的を有し、組織目的との葛藤のなかで活動します。企業不祥事の原因は、組織内における目的の不一致にあるかもしれません。株主と経営者の利害不一致、経営者と従業員の利害不一致、そして、株主と社会との利害不一致は個性を持つ人間である以上、当然に起こるでしょう。いずれの場合も、資源の最適配分には繋がりません。市場取引にコストが生じるように、組織内取引には様々な障害があります。

経営者が経営者としての地位を得るには、株主をはじめとした利害関係者の支持を得なければなりません。意思決定者としての経営者は、合理的意思決定者というよりは、利害調整に長けた権力を有する政治家的存在です。適切な専門人材を配置して、その能力を引き出すのが経営者です。

経営者が株主を代理するといっても、株主はひとりではありません。株式市場の中に位置づけられた株式会社という意思決定機関は、その組織の中に株主総会を抱えています。株式会社は、開放体系としての株式市場の中に、組織としての閉鎖的な意思決定機構を持っているのです。

株主総会は、経営参加権を介して、経営者に資源配分を提案します。一方、市場取引は、経営参加権を行使することなく、株式の売買を介した資源配分を行います。

所有と経営の分離は、株主と経営者の意思決定を人格的に分離しました。１９３２年に出版されたA・A・バーリーとG・C・ミーンズ（Adolphe A. Berle, Jr. and Gardiner C. Means）の『近代株式会社と私有財産』（*The Modern Corporation and Private Property*）は、株式所有の分散化により、企業は株主支配から経営者支配に変化したと考えました。株式会社の意思決定は、経営者に委ねられ、株主は企業の外部者としての位置づけとなります。

株式会社という組織化した企業は、原子論的な企業とは異なりますが、株式の分散所有という視点を導入すると、むしろ新古典派的な企業モデルに合致します。売買される株式は、1株の株券です。株券は極小単位まで細分化され、ミクロの企業資本の単位と見なされ、労働力と結合して生産活動を行います。環境変化と生産活動に応じて、株式市場における資本は、人格を持たない株券となって参入と退出を繰り返すのです。

企業資本は、株券に分割化され、自由に売買される流動性が付与されます。企業資本は、不特定多数の証券化された資本家によって、市場取引の対象となりました。

売買対象の株式には、人格がありません。資本家の固有名詞がなくても、資本が参入し、特定の生産目的のために結合します。自然人と切り離せなかった資本供給は、物的資本関係になりました。株主は資本供給機能に特化した市場取引を行い、労働者は労働力の供給機能に特化して雇用されます。資本と労働は、生産活動に応じて市場取引される新古典派的企業になります。

しかしながら、すべての取引が一回ごとに清算されるわけではありません。時間を導入すると、極小単位の株券が結合した企業組織は、組織内の資源配分を巡り、試行錯誤を繰り返しています。資源配分の途上にある競争状態では、競争の終焉した世界を知りません。

株主は、自然人としては入れ替わりますが、継続的な事業体として会社が存在する限り、経営者の意思決定とその結果である利益の分配に関心を持ちます。経営者は、すべての株主の代理人ですが、大株主や機関投資家などの議決権行使に注意を払い、銀行などの金融機関や従業員、取引先企業、そして顧客やその他の利害関係者との調整をしながら、組織内の資源配分を行っているのです。

このような視点は、経営者を統治者として捉えます。経営者は、株主をプリンシパルとしたエージェントですが、それは政治の世界と類似します。形式上、プリンシパルは国民ですが、多くの政治家は自らの世界を創りたいという情熱や単なる経済的利益の最大化など、自らの効用最大化のために政治活動をします。有権者はプリンシパルですが、政治家にとっては手段です。経営者は、自らの効用最大化のために株主を利用することを考えるという視点は、経営者支配論やコーポレート・ガバナンス論から見る人間モデルです。

経営者という人間は、株主を忖度しつつ、自らの効用を最大化しようとします。貨幣所得の最大化に関心のある人や従業員を支配したいという欲望、あるいは社会に貢献して名声を得たいと考える人など、主観的効用は様々です。資源の有効利用や企業価値最大化よりも、事業の長期存続に関心を持つ経営者もいるでしょう。

所有者と経営者が一体であれば、節税を期待して利益の過少申告をするはずですが、所有と経営が分離した上場企業の経営者は、自分の立場を守るために利益を過大申告することもあるでしょう。いずれにしても、企業に関わる利害関係者を調整しながら経営者の主観的効用を最大化しようというモデルが構築できます。経営者は、実体とは異なる企業価値を創造しようとするのです。

日本的経営の人間モデル

日本的経営も、特殊な人間をモデル化しています。高度経済成長期からの半世紀の間、日本の大企業の特徴とされた終身雇用、年功序列賃金、企業別組合といった三種の神器は、日本的経営モデルとして理論化されました。就職した人々は、自己責任によるキャリア形成ではなく、会社の人事部による配置転換などによって様々な職務を経験することになります。

日本の企業組織には職業選択の自由がありませんでした。会社の意向によって、職務能力を育成するのですから、環境変化に適応する能力がなければ会社の責任です。各自の責任は会社に転嫁されることになります。職務内容やその能力育成が会社の都合で決められるのであれば、能力給という考え方は適さないでしょう。年功序列賃金は理に適っていたわけです。経営者という権力が、従業員の人生を決めていたと言っても過言ではないでしょう。

こうした人事に適合し、社内政治に勝ち残るのが、日本的経営モデルにおける経営者です。外部の労働市場とは境界があるため、閉じた会社組織の中で新卒採用された同僚との出世競争が展開され、最終的に勝ち抜いた人が経営トップに就きます。創業社長とは異なり、資本の所有による権限は付与されません。株式相互持合いやメインバンクをコアとした企業グループにおける社長会など、株式会社でありながら資本結合は物的関係ではなく、人的関係によって形成されていました。非常に政治色の強い人間モデルが日本的経営かもしれません。

日本の企業グループは、市場と組織の中間的取引形態となりました。各企業経営者の責任は、グループ経営の責任の中に位置づけられ、経営者個人の裁量権が制限されたことで、経営者個人の責任も曖昧になっていたように思われます。

人間の捉え方がモデルを作る

理論モデルには、目的があります。ある現象を説明するために、その原因となる機能を発見して、この機能と結果の因果関係を明らかにしようとします。目的は多様ですが、新古典派経済学の主要な目的は、市場における希少資源の配分にありました。この説明には、合理的経済人が必要でした。人間は企業や家計という生産主体と消費主体に分類され、最適資源配分が行われる条件が強調されました。この条件に適さない人間は、最適資源配分の機能を果たさないため、捨象されることになります。結果として、そこには普通の自然人は登場せず、資源配分機能に特化した機械的人間しか登場しません。

物理法則と類似の枠組みを適応するには、人間を物象化しなければなりません。与えられた情報を処理する計算機と代替可能な人間です。意思決定と行動は一体化されており、自動的な処理機能を備えているため、企業や家計という意思決定主体に自然人は必要ありません。神の「見えざる手」が働いているのです。多様な人格は、計算機の中の価格調整機能の中に織り込まれています。ワルラスの市場価格体系は、すべての商品価格の需給が釣り合う一般均衡理論ですが、それは「見えざる手」の表現に合致しています。

実際の価格交渉は、取引コストがかかります。一つの商品の価格が決まるまでに、時間も労力もかかるわけです。個々人は、交換対象とする商品以外の価格には関心を持っていません。しかし、これがスミス的な市場観によれば、「見えざる手」に導かれるようにすべての商品価格を成立させているというわけです。当然ですが、誰も市場全体の価格体系を俯瞰できるような人間はいません。神だけが知る価格ということになります。

金融資本市場の理論モデルは、神の「見えざる手」を想定した市場理論かもしれません。投資家に共通の評価尺度を求め、市場における資本資産価格を決定します。モデルは、グローバルな資本市場も閉鎖的な国内市場も、同じように扱われます。コンピュータによる高速取引などが機能する市場は、人間が存在しない市場のように仮構することが可能でしょう。実際、CAPM（Capital Asset

Pricing Model)[2]などのリスクとリターンを評価する理論モデルからは、人間が見えなくなっています。データに基づく資本の需給機能です。

株式市場では、人間の観察はしません。その代わりに法人が売買対象として評価されることになります。法人の売買は株券の取引ですが、その取引は株式会社の利害関係者によって制度化されます。各国の株式市場における様々な規制は、株式取引に関わる利害関係者の力学の結果です。個々の企業資本の評価モデルは、リスクとリターンを変数としている場合も、それは将来の消費者や取引先企業の動向、組織や従業員の能力などを分析した経営者の意思決定を反映しています。

企業という私的資本資産の取引であるにもかかわらず、国境を意識した国家の利害すら関係します。しかし、グローバルな投資家は、小国の地方市場で取引される財・サービスを発見できません。当然、それを生産する企業価値は評価できないでしょう。偏狭な地方の投資家が、自国の大企業やその他の投資機会と比較しながら投資判断をすることになります。グローバルな投資家は、小国の企業組織の中身を覗くには取引コストが高く、機会選択のコストがかかりすぎるのです。

新古典派的資本市場を前提とすれば、企業組織内外の人間の思惑や能力評価は、グローバル市場で評価され、最適資源配分の均衡価格を形成します。しかし、近似的にも合理的経済人は観察できません。小さな市場の小さな企業を観察するのは、グローバル投資家にとって非合理です。

新古典派的な投資家は、あらゆる投資機会を選択肢に入れますが、実際の投資家は、経営者と同じく限定合理性という制約下にあります。小さな株式会社が成長のための資金を欲していても、その存在を知るためのコストは膨大です。

経営者は、株主の代理人となりますが、株主の利益と自身の利益を秤にかけて苦悩します。将来の経営問題が解決困難であれば、株主への報告に躊躇するかもしれません。株主は「解決できる」という楽観的で強気な経営者の声明を歓迎します。経営者が目的を設定すれば、従業員の自由を拘束し、合理性を有さない人間を監視し、合理性を追求するように管理しなければなりません。

経営者自身も制約された合理性の中にあり、環境情報に適するように組織内の資源配分を行わねばなりません。経営者は、完全な計算を前提とした自生的な市場とは異なり、自らの能力の限界に照らしながら、管理可能か否かを秤にかけつつ、正解のない意思決定をします。それが経営管理機能です。

また、経営組織の変革や新商品の開発など、市場の均衡破壊や均衡の探索、イノベーションと呼ばれる活動に目を転じるとき、起業家に着目したモデルを考えねばなりません。これまでの人間関係と利害関係は変化を迫られます。制約された能力に基づいて計算する経営者とは異なり、制約を打破する閃きやアニマル・スピリットで意思決定する起業家的機能です。その意思決定には、データが存在しないため、直感的な感性に依存します。

標準的な経営は、データに基づく標準的人間を管理するモデルです。起業家的機能は、標準とは異なる経営を作り出す異質な人間モデルです。常識化した生活の中に問題を発見する非常識な人間がモデルになります。誰もが当たり前に対応している方法に疑問を感じる人であり、平均的な人間や中央値に収まる人間ではありません。異常値となるような人間の意思決定や行動が、起業家のビジネスモデルです。

起業家のモデルが普及すると、非常識だった状態や考え方が常識化していきます。消費生活や生産生活は、起業家によって変化することになります。この変人のモデルは、既存の秩序や社会の構造を破壊し、社会の発展に貢献する人格としてモデルになります。経済発展のモデルには欠かせない人格です。しかし、成功確率が少ない非常識な人間モデルは、データによる科学的検証が困難です。

個々の人格の捉え方は、着目した問題とこれを解決する機能によって異なります。工学的に捉えたテーラーの関心事と人間の精神面を捉える人間関係論は、解決したい問題が異なるのです。解決する目的と手段となる機能に着目し、モデルは多様なものとなります。希少な資源配分の主役でありながら、その人格を黒子とするのは、主流派経済学のモデルでしょう。

組織内の計画的資源配分に関心を持つ経営学的モデルは、不合理な人間を管理の対象としました。社会発展の原動力となる起業家モデルや企業内の支配力に関心を持つ統治論など、多様な理論モデルが構築されます。社会科学が人間の社会を扱う以上、多面的な人間の一側面に問題を発見し、その解決機能に着目します。株式会社は、多面的な人間を機能的に分類することで経営学の分析対象となります。

[注]

（1）ＩＴに代替される業務は、中小企業も大企業も同じです。給与等の計算コストは、従業員の数が増えても一定に抑えることが可能になります。その結果、ＩＴ投資で代替可能な業務が多くなれば、従業員の多い企業が有利になります。従業員に支払う固定的給与の総額が多くても、アプリなどの販売やＳＮＳなどの広告は限界費用がゼロになるため、売上の増加により平均コストが下がります。

（2）Harry Max Markowitz が１９５９年に出版した *Portfolio Selection: Efficient Diversification of Investments* は、個々の投資家による分散投資を論じたものでしたが、１９６０年代に William F. Sharpe と John Lintner、そして Jan Mossin の3人によって、資本市場における資産価格の一般均衡理論（ＣＡＰＭ）に発展し、現代の資本資産理論の基礎となりました。均衡理論ですから、資本市場における資本資産の最適配分を論じる理論であり、機会費用として資本コストを捉えます。新たな機会の発見は、均衡価格の変化です。

第5章　ロビンソンクルーソーの閉ざされた世界

――方法論的個人主義の投資理論――

現在の消費選択

ここでは、合理的経済人の代表であるロビンソンクルーソーを通じて、資本について考察します。資本は、生産活動に必要な道具ですが、道具を作ることを考えると、迂回生産という時間の概念を持ち込むことになります。合理的経済人の定義では、人間らしい生活を意図的に無視しましたが、資本の問題を考えるときには、生活時間を機会選択という秤にかけることになります。

孤島に漂着したロビンソンは、限られた資源しかない島での生活を考えねばなりません。帰国する術を持たず、運が悪ければ、一生涯この島で暮らすことになります。ロビンソンに与えられた限られた時間の中で、生産と消費の計画を策定することになります。しかし、着の身着のままというわけではありません。難破した船から、ナイフや鍋、フライパン、そして大工道具などを持ってきて、生活設計ができます。

自分自身の限られた能力（労働力）と島にある自然資源（土地）、そして難破船から運び出したいくつかの道具（資本）を選択しながら、最適な生産と消費の計画を策定することになります。木に生っている果実は、土地の恩恵です。これをもぎ取る行為は、労働力の供給であり、生産活動です。果実を食べると、消費と定義されます。土地と労働力は、本源的生産要素と呼ばれます。果実をもぎ取るときに使用するナイフは、生産手段としての資本です。

資本は土地と労働力から生産された派生的生産要素です。人間は、他の動物と異なり、道具を用いて生産を行います。そのため、ラテン語の capus（頭）に由来する資本は、人間の生産活動を象徴する重要な概念なのです。

ロビンソンは、島を探索して情報を収集します。危険な場所や動物、食料になりそうな動植物、水源などを確認します。ロビンソンは、自然環境に応じて自分の強み（Strength）と弱み（Weakness）を検討します。それは、SWOT分析です。人間の能力は、環境との対応で決まります。自分の強みや弱みは、環境次第で変わるのです。能力を生かしてくれる機会（Opportunity）とその発揮を阻む脅威（Threat）によって、選択すべき合理的判断は異なります。

砂漠地帯のような島であれば、何としても島を脱出しなければならないでしょう。自然資源がなければ、人間は生きられません。人間の生活は、自然資源に手を加え、これを消費することで生き延びることができるのです。自然資源が期待できなければ、豊かな土地を探さなければなりません。

ロビンソンが最初にすべきことは、水や食料の確保です。消費財の選択肢としては、野鳥、果実、そして小魚などが候補に上りました。ロビンソンにとって、野鳥の捕獲は難しそうです。一羽も捕獲できなければ、労働コストのリターンはゼロとなります。果実は、木に登ることさえできれば、比較的容易に収穫できそうです。しかし、空腹を満たすことはできないかもしれません。生産にかかるコストが少なくても、食欲を充たすというリターンが十分ではありません。

生産者と消費者が一致しているロビンソンは、彼自身の犠牲（コスト）と効用（リターン）を比較します。生産できないモノは欲しがらないし、生産できても価値のないものは生産しません。貨幣で測定できるとすれば、1円当たりの効用を比較することになります。

ロビンソンが生産するモノは、同時に消費したいモノです。島を流れる川には、沢山の小魚が泳いでいます。これを捕獲するのは容易なことではありませんが、工夫次第で1日16時間の労働で4尾の小魚を確保できます。自然に恵まれているということは重要なことです。この漁獲量は、ロビンソンが策定した生産計画と一致するだけでなく、野鳥や果実を諦めたロビンソンの機会費用に見合うリターンです。

ロビンソンの1日の生産物は、小魚4尾でした。これはすべて彼が消費できる生産物です。無人島に地主はおりません。自然の恩恵（地代）と労働の対価（賃金）としての小魚4尾は、すべてロビンソンのモノになります。1日当たりの国内総生産（GDP）は4尾の魚であり、これをロビンソンが消費（C）することになります。地主がいれば、4尾の魚は、地代と賃金に分配しなければなりません。

GDP＝魚４尾＝すべて消費（C）＝賃金と地代　（1）

消費財の選択は、コストとリターンの比較であり、この物語からはロビンソンの合理性が理解できると思います。機会選択時点の合理性ですが、事前の予想と事後的な結果では異なる評価となります。合理的か否かは、あくまでも事前の意思決定時点で判断されます。結果が失敗であっても、それは過去の意思決定であり、利潤と損失によって清算されます。過去の意思決定は問わず、新たな意思決定のみ問題とします。

時間にわたる消費選択

ロビンソンは、1日のうち16時間を漁に費やし、4尾の魚を獲り、これを消費する生活を繰り返します。彼にとって、最も重要な消費財が小魚であれば、漁を中心に毎日が過ぎていきます。単調で変化のない単純再生産の生活です。農民を中心とする封建時代の生活は、単純再生産の象徴的社会です。

16時間の労働は、肉体的に厳しい生活です。栄養状態も限界に近く、豊かな生活には程遠い状態です。機械であれば、ギリギリの燃料で稼働している状況です。生産性を向上させねば、現在の消費生活を改善できません。16時間の労働時間内に、より多くの小魚を捕獲できれば食生活が改善されます。

しかし、肉体を駆使する漁は、すでに限界の域に達しており、現状のままでは、これ以上の豊かさを期待できません。彼は、節約して将来の生活を豊かにしようと考えました。

1日16時間の労働時間で4尾の小魚を生産・消費しているので、小魚1尾の生産時間は4時間、2尾であれば8時間です。もし、2尾だけ消費すると、残り2尾は貯蓄（S）に回る計算です。貯蓄の機会選択は、現在の消費機会を犠牲にする意思決定です。このコストを上回るリターンがなければ、貯蓄は選択できません。

GDP＝魚4尾＝2尾の消費（C）＋2尾の貯蓄（S）　　(2)

4尾の食生活でさえ十分でないのに、2尾で我慢するのは、栄養状態からして死を覚悟しなければなりません。貯蓄行為は限界的な窮乏状態の選択ですから、ロビンソンが合理的経済人であれば、これに見合う機会を選択するはずです。窮乏状態が深刻であればあるほど、貯蓄には大きなリターンが求められるのです。

2日続けて2尾の食生活はできませんが、翌日は8時間の漁をするだけで貯蓄した2尾と合わせて、4尾の食生活に戻ることができます。つまり、2尾の貯蓄は、8時間の労働時間との交換となります。身体の調子が悪い時や休憩を取りたいと考えれば、余暇は選択肢になります。しかしながら、余暇の選択は、生活の改善を期待できません。空腹を我慢して半日の休暇を取得したことになります。

ロビンソンが2尾の魚を我慢したのは、食生活の改善が目的でした。今日の食生活を我慢する代わりに、明日以降の食生活を改善しようと考えたのです。彼に必要な行動は、生産性を高める合理化投資であり、網を作る成長戦略の策定です。この投資戦略の採否は、今日、網を作るか、漁をするかの選択です。それは資本財（I）と消費財（C）の生産機会の選択です。

GDP＝消費財2尾（C）＋資本財の網（I）　（3）

漁の労働8時間を、網という道具の生産に充てるのです。彼のコスト計算は合理的選択です。現在の消費財である小魚2尾を犠牲にして、一反の網を作成します。消費財生産の8時間を資本財生産に振り向けるのです。（2）式と（3）式より、貯蓄が投資に向けられることが分かります。

労働時間8時間分の2尾の貯蓄（S）＝網の生産に投資（I）　（4）

網が手に入ると、ロビンソンの漁は画期的に変化し、大幅な生産性の向上を実現します。素手で4尾の小魚が捕獲できるほどの自然に恵まれた島です。網を使えば、小魚20尾が期待できるとしましょう。16尾増加し、5倍の漁獲量になります。

空腹を我慢した2尾の貯蓄が16尾の小魚を増加させます。この期待は過剰な期待でしょうか。彼は、現在の消費財と将来の消費財を比較し、将来の消費財を選択するのですが、窮乏状態では将来に回す資源は相対的に少なくなります。余裕がないのですから当然です。小魚2尾の我慢は、高い報酬の期待がなければ実現しません。窮乏状態における現在の消費財は、将来の消費財に比較して、高い価値を持っているのです。

現在の消費財と将来の消費財の機会選択は、時間選好という概念で説明されます。今日の2尾の小魚と明日以降の20尾の小魚を選択するのは、ロビンソンの主観的な時間選好に委ねられます。

ロビンソンの食生活は一挙に改善し、豊かな消費生活が可能になります。そして、消費生活が豊かになると、貯蓄にも余裕が生まれます。最初の2尾の貯蓄は究極の選択でした。栄養失調になるような窮乏生活の中での耐忍生活です。この貯蓄は、翌日の網を編むための原資となり、この耐忍のおかげで16尾の追加的な小魚を獲得できるのです。網がなくても4尾の小魚（賃金＋地代）を消費できますから、網を使って捕獲する20尾の小魚から、この4尾の小魚を控除した16尾は、網のおかげです。これは投資に対する報酬ですから利子となります。

小魚 20 尾分＝賃金と地代 4 尾＋利子 16 尾　　(5)

ここで賃金と地代という本源的な生産要素の報酬に、派生的生産要素の報酬である利子が加わります。2尾の投資に対する16尾の報酬ですから、1日だけでその報酬は8倍（８００％）です。ロビンソンにとって、今日の小魚2尾は、明日以降の小魚16尾と等価になります。網が使用できる限り、この利子は毎日期待できることになります。非常に高い利子率ですが、それほど網の価値は高いということになります。

彼の食生活が一変する程です。投資をする段階で、ロビンソンは高い報酬を期待したからこそ、窮乏状態にもかかわらず2尾の魚を貯蓄するのです。利子は資本家が要求する報酬であり、資本コストです。ただし、資本コストと呼ぶ場合には、時間選好のみならず、リスクに対する選好も加味されます。網を使う漁は、確実に小魚を保証するわけではありません。不漁の時も豊漁の時もあります。予測が難しければ、網の制作を躊躇するでしょう。それは資本コストが高くなることを意味します。しかし、暫くは、こうしたリスクの問題は無視することにします。

さて、網を手にしたロビンソンは、合理的経済人です。1日16時間を漁に専念することはないでしょう。計算上20尾を獲ることができても、彼のお腹は20尾を必要としません。10尾で満腹になるとすれば、それ以上の小魚に価値はありません。計算上の20尾というのは、小魚の漁獲量で換算した仮の値です。網を所有した時点で、小魚1尾の価値は、素手で漁をしていた時点より大幅に減価しています。貨幣経済であれば、1尾の価格は下落しています。

網を手にしたロビンソンは、労働時間の16時間の使い道を変えるでしょう。10尾の食生活を選択すれば、8時間の労働時間が余分になります。この余裕は、新たな機会を作ります。木の上に生る果実を獲るため、梯子を作ることができます。ロビンソンが果実を欲するのであれば、梯子を生産することになるでしょう。いずれの選択も、新しい機会選択になります。網や梯子といった投資財の需要は、最終的な消費財のための派生需要です。網と梯子を用いた生産活動が行われると、事業は多角化することになります。漁業が成長して成熟したのち、農業を始めたのです。10個の果実が収穫され、ロビンソンの食生活は豊かになりました。機会選択肢の増加は豊かさの指標でもあります。

豊かさと機会選択の拡大

ロビンソンは、漂着した初日に島の環境分析をしました。自然条件によっては、労働力の価値は異なります。野鳥を捕獲する能力がなければ、野鳥が生息していても無意味です。そのため、ロビンソンは、改めて自分自身の能力を分析して意思決定します。島の生活に対応する能力は、船乗りとしての能力とは異なるからです。環境に応じた能力の評価が必要になるのです。

そして、彼は漁を選択しました。これは事業領域の決定です。消費需要は旺盛ですから、生産物はすべて消費されます。しかし、消費を耐え忍び、貯蓄することで、これが投資の原資となります。

貯蓄（S）＝投資（I）　　(6)

これはマクロ経済学の恒等式です。網という資本財を生産するには、この生産活動を支える2尾の小魚が必要だったのです。これは網を生産するためのロビンソンの生存基金となっています。

現代では、家計が貯蓄主体となり、企業が投資主体となります。ロビンソンの世界とは異なり、貯蓄と投資は人格的に一致していないからです。金融資本市場の成立が、貯蓄と投資の人格的分離を可能にしたのです。

網を作り、小魚の漁獲量が増えました。この生産性の上昇の結果、食生活に果実を加えることも出来ました。単純再生産であったロビンソンの経済は、資本形成により拡大再生産の仕組みを手に入れることになりました。この契機となったのは、貯蓄を投資に向けた最初の決意です。生産物の増加は所得の増加ですが、生産物の増加と余暇の増加も機会選択となります。豊かな社会では、労働時間は徐々に減ります。

生産物は消費しなければ、貯蓄行為です。貨幣経済では、貨幣は消費財と交換されずに資本財と交換されます。貨幣を供給するのは家計であり、資本財を生産する企業が貨幣を需要します。もちろん、ロビンソンの世界では、両者は同一人格です。

投資する余裕が生まれ、新たに蔦を編込み、細かな網の目に改善しました。目の細かい網は、漁の時間を短縮化できます。果実をより多く欲するのであれば、より高い梯子を作ることも選択肢になります。小魚や果実とは異なる消費財の選択としては、野鳥を捕獲するワナを作ることも一案です。網や梯子の増産などの消費財生産のための道具だけでなく、レジャーの選択肢もあります。道具が増えれば、小魚も果実も増えます。余暇を楽しむことと小魚や果実を余計に食べることを比較することになります。

人間の欲望は膨らみます。多様な選択肢があると、漁や果実の採取、野鳥の捕獲などの労働時間を短縮化したいと考えます。道具を改良することで、様々な消費財を手に入れることができるのです。

貧しい社会では最初のきっかけが重要です。井戸がなければ、数時間をかけて水瓶を担ぎ、水を運ばねばなりません。井戸は水を汲む時間を短縮します。豊かになればなるほど、労働力の節約が可能になるのです。

しかし、重要なことに気が付くべきです。ロビンソンは、なぜ漁を選択したのでしょう。小魚を捕獲することに高い可能性を見出していたからです。野鳥の捕獲方法を熟知していたら、漁には関心を示さなかったかもしれません。これは網の作成に関しても同じです。

ロビンソンにとって、網の作成は初めての経験です。木に巻き付いている蔦を切り、試行錯誤を繰り返しながら、蔦を編んで網を作ります。粗い目の網は、かなりの小魚を獲り逃すでしょう。質の高い網ができれば、ロビンソンの労働生産性は高まりますが、最初の網に多くを期待することはできません。しかし、網という道具を知っていたことは重要です。果実をとるための梯子も同じです。水源から瓶を担いで何時間も水を運ばねばならないのは、井戸を掘ることを知らなかったからでしょう。

生存基金は、網を製作するための創意工夫や試行錯誤などの時間が必要となります。網に関する技術や知識、経験が蓄積されているなら、生存基金は少なくて済むでしょう。投資効率は、過去から蓄積された知識や技術などの無形の資本によって形成されるのです。現代では研究開発の投資も同じです。これも研究開発に携わる人の生存基金ですが、研究活動は過去から継続していることに意味があるのです。

本当に貧しい社会は、生存基金としての貯蓄をすることができません。初めから2尾の小魚しか捕獲できなければ、空腹のために網を生産するだけの労働時間は確保されません。人間の生産活動は、自然資源の形を変える（加工）だけですから、この島に豊富な小魚が生息していたことは重要です。自然環境の重要性を再確認しなければなりません。日々の食生活に余裕がなければ、道具を生産することはできないのです。

それゆえ、自然資源が豊かであれば、貯蓄は容易でしょう。その代わり、怠けるかもしれません。簡単に生活物資が手に入るため、工夫しないかもしれません。有用な技術は、すべて資源を有効に利用するための手段です。資源が希少でなければ、誰も技術を改良しようとは考えないでしょう。知識や技術も必要に迫られて改良され、それが無形資本として蓄積されます。この無形資本を継承できることで、投資効率は変わるのです。

収穫逓減の法則と企業戦略

ロビンソンの意思決定は、主観的効用に関する重要な法則に基づいています。それは、限界効用逓減の法則（law of diminishing marginal utility）と呼ばれるものです。人間は他の動物と異なり、無限の欲望を持っています。この欲望が、経済の発展と成長の原資なのです。しかし、人間は、財・サービスが増えると、その追加1単位の効用（限界効用）が逓減すると仮定します。機械的なロボット人間を想定した合理的経済人は、無限な欲望を持ちそうですが、特定の財・サービスに関しては、限界効用が低下することになるのです。

普通の人は、この法則に納得するでしょう。食べ放題のビュッフェ形式のレストランでも、一皿、二皿とお皿を増やすたびに満足感が増えていきますが、追加するお皿が増えると、徐々に追加の満足感は低下していきます。お腹が一杯になれば、お代わりをする欲求はなくなるでしょう。

お腹が一杯になるというのは、人間の肉体的な特性です。機械に当てはめるのは困難な法則かもしれません。そもそも、効用を測定可能な基数として捉えることは難しいでしょう。効用の序列を認識する序数的把握であれば、身体的特性や心の感じ方を測定しないで済みます。

しかし、基数的であろうと序数的であろうと、限界効用逓減という基本的な考え方は同じです。多様なニーズを持っていても、必要以上にはモノを欲しません。ロビンソンは、生産資源が限られていることを認識しており、優先的な資源配分を考えているのです。彼は単純な法則に従って漁を行うのです。

小魚の1尾から4尾までは、生命を維持するために必須ですから、1尾の限界効用は大きいと考えられます。しかし、小魚が追加されるごとに、限界効用は徐々に低下していき、9尾から10尾となるときの限界効用は小さな値になります。

限界効用は0に近づきますが、限界効用が負になる機会を選択しません。嫌いなモノに犠牲を払う人は、合理的人間ではありません。コストはリターンを得るために犠牲にする機会です。限界効用が正の値である限り、総効用は増加しますが、限界効用が0になれば総効用は増えません。

果物の採取や野鳥の捕獲という代替的な機会も選択肢にあります。ロビンソンの選択肢は、小魚だけではありません。人間の欲望に際限がなければ、小魚の欲望をある程度満たせば、異なる欲望の対象を発見し、これを選択することになります。小魚の限界効用が低下すると、小魚の相対的魅力は低下するのです。小魚の需要は低下していきます。

漁の限界効用は逓減しますが、1尾の小魚を捕獲する時間も増えていきます。自然資源には限りがあるので、ロビンソンが漁の時間を増やしても、捕獲される小魚の数は徐々に減っていきます。収穫逓減の法則（law of diminishing returns）とか限界生産物（marginal products）逓減の法則と呼ばれる経済の基本的原理です。労働時間の追加は、疲労度が高まり、余暇との比較もするでしょう。

小魚を追加するための労働時間は、果実や野鳥等に対しても相対的に増えてきます。余暇や果実等の価値が相対的に上昇するなかで、これを犠牲にしなければなりません。漁に費やす追加的生産時間は、漁の機会費用を高めることになります。同じ労働時間をかけても、限界的な生産物は減少するため、限界費用は徐々に増加します。そのため、小魚の供給は減らすことになります。

ロビンソンにとって、小魚の効用（リターン）は、漁をする犠牲（コスト）と比較されます。追加の小魚を食べるか否かは、追加の漁をするか否かという意思決定です。それは、限界効用と限界費用の対比になります。限界効用（収入）が限界費用を上回る限り、ロビンソンの豊かさは増加し、限界利益をもたらします。総効用と総費用の差額である利潤は、低下していく限界収入と上昇する限界費用の交点で最大化します。この交点を超えると、どのような意思決定も利潤を減少させることになります。

網の改良を目的とした投資は、漁の限界費用を低下させることを意図しています。漁に費やす労働時間の短縮で、小魚の消費を増やすことができます。ロビンソンは、自らの労働力を他の機会に振り分けることができ、様々な財・サービスを生産できるようになるわけです。余暇を楽しむことで失われる犠牲も小さくなりました。

拡大再生産による所得増加と事業の多角化という選択肢の増加は、生活の質的改善をもたらしました。経営学は、これを企業戦略と位置づけます。企業の成長と成熟は、時間的経過を伴う異業種間の限界利益を評価し、その最大化を図るために、投資を序列化する意思決定です。

リターンとコストは、ロビンソンが漁を始めた当初から比較考量されました。小魚と果実の順番も、単にリターンのみを比較したわけではありません。限界収入と限界費用を比較していたのです。小魚も果実も、限界効用は逓減していきます。しかし、効用の減少の仕方は異なります。ロビンソンは、自身の労働コストに対する効用を比較した上で、限界利益の序列に応じて、追加すべき生産物を決定することになります。それは、1円当たりの限界効用の比較です。

小魚の価値は、ある臨界点を超えると急速に低下するでしょう。網への投資により、小魚のコストは低下しましたが、小魚が増えたことで、その効用も低下したのです。1920年代のフォード自動車が、大量生産によってT型フォードのコストを大幅に低下させましたが、顧客にとっては個性のないT型フォードよりGMの自動車が魅力的に映りました。

消費財の価値が資本財の価値を決める

網のおかげで、小魚4尾のGDPは5倍の20尾になりました。しかし、20尾の魚の価値は、4尾の価値の5倍ではありません。限界効用逓減の法則で明らかにしたように、小魚が追加される度にその追加一尾の価値は低下します。満腹になれば、それ以上の小魚に価値はありません。魚を貯蔵できなければ、消費か廃棄の二者択一です。

貯蔵は貯蓄行為であり、現在の消費と将来の消費の機会選択問題です。倉庫に商品を積み増すのは、在庫投資です。しかし、冷凍技術が確保されるまでは、生魚の在庫投資は選択肢になりませんでした。魚が増えれば、限界的な魚の価値は低下します。漁獲量が5倍になっても、売上高は5倍にならないということです。最後の1尾の価格が、すべての小魚の1尾の価格となります。豊漁によって、価格が下落すれば、漁師は市場まで運ぶコストを考え、廃棄することを考えます。ロビンソンは、食べきれない魚を川に戻すでしょう。

魚の価値の低下は、網の追加的価値も低下させます。資本財は消費財の派生的需要ですから、資本財の追加的な生産コストと消費財の追加的な価値を比較しながら、投資の採否を決めます。これが投資決定の基本です。網を作成することで、追加的に捕獲される小魚の価値が、網の追加的価値を決めるのです。これは投資決定の基本的原理です。

既述の利子率800%は、小魚の漁獲量で計算したものですが、小魚の経済的価値は低下しています。そのため、経済的価値に基づく利子率は、もっと小さな値となります。利子率は、過去に負担したコストに対するリターンです。それは、網への投資費用に対して、追加的に捕獲できる小魚の価値を表した投資利益率ないし投資収益率[1]です。投資収益率は、消費を諦める時間選好、すなわち資本コストと比較されます。小魚から得られる限界効用が、資本コスト以上であると期待すれば網を編むことになります。

　生産や消費の時間を1日単位ではなく、将来にわたる小魚の限界効用（限界収入）と漁の限界費用を比較して意思決定します。網の投資利益は、網を作ることで捕獲される将来の小魚の限界収入と網の製作で犠牲になる現在の限界費用の差額であり、網の限界利益です。合理的経済人であれば、網や梯子、ワナなどについて、限界利益の高い順番に道具を作ることになります。

　いずれの道具も、小魚や果実、野鳥の限界効用に依存しています。限界効用が逓減する以上、道具の追加的価値も低下していきます。網の優先順位が高いとしても、網ばかりを作るわけではありません。網の追加製作による小魚の増加と果実を採集するための梯子やその他の活動の限界利益を比較して、機会を選択することになるのです。こうした意思決定により、網と梯子などのコスト当たりの限界効用は均等化することになります。

　資本は投資収益率の高いところに参入します。しかし、網の製作と同じく、資本が参入するにつれて投資収益率は低下し、他の事業領域が相対的に魅力を高めることになります。小魚事業の投資利益率が50％、果実事業が30％、そして野鳥事業は10％としましょう。この時点では、網を製作することが最も合理的です。注意すべきは、網の投資収益率を計算する際の限界費用ですが、それは果実事業の30％だということです。網に追加投資するために、果実事業の利益を犠牲にしています。梯子への労働投入を諦めているからです。

網が完成した後、再び投資収益率を予想します。網の投資収益率は8％に下落していれば、次に製作すべき道具は、梯子ということになります。梯子が完成すると、さらに梯子を製作する投資収益率が7％に低下していました。そのため、次の投資先は、野鳥のワナの製作となります。

このプロセスは、実際には際限なく続くでしょう。最終的な理念型モデルでは、投資収益率が均等化することになります。それは、現在の消費を諦めることのできる利子率であり、資本コストに等しい投資収益率となります。

上記の説明は、少し混乱するかもしれません。現代の貨幣経済であれば、投資に必要な金額と投資から得られる将来貨幣額（キャッシュフロー）の比較です。投資の経済計算になりますが、それは時間の問題を扱った後の章で説明をすることにします。

事前と事後の乖離

漁は時間のかかる生産活動です。網を使用しない漁は16時間に4尾の小魚を捕獲しますが、期待した小魚と実現した小魚が一致する訳ではありません。人間の意思決定は、ある種の計画を念頭に置いてＰＤＣＡサイクルを回します。結果を考えない意思決定はありません。

ロビンソンは、漁を開始するときに、1尾の魚も捕れないという最悪の事態を想定したかもしれません。あるいは、もっと沢山の魚を期待したかもしれません。いずれにしても、こうした予想に特別な根拠はありません。過去のデータはないのです。悲観的な予想をすれば、何も行動に移さないでしょう。楽観的な人は、過度な期待で漁を始めるかもしれません。データがなければ、合理性の判断基準はありません。起業家精神とかアニマル・スピリットと呼ばれる意思決定の曖昧な概念が必要になります。

根拠のない楽観的な見込みが、生産活動を開始させます。ロビンソンの生存基金は、時間が経過すれば尽きてしまいます。生存基金が蓄積している間に漁を開始し、漁を終了しなければなりません。終了時点では、事前の期待と事後の実現結果を比較するはずです。

4尾の小魚を期待していれば、これを下回る結果であれば悔むでしょう。コストに見合う成果ではないと感じるかもしれません。機会選択で諦めたリターンを失うことになります。反対に、期待以上の成果であれば、成功を喜ぶでしょう。生存基金を費やしたことに対して、成功と失敗を感じ取るのです。事前の期待と事後の実現値の乖離は、時間を伴う利潤と損失の概念です。

網を作成してからも、事前の期待と事後の結果は乖離します。素手による漁より、網を用いた漁の方が、期待と結果の乖離は大きいかもしれません。わざわざ、網を作って漁をするのですから、期待したほどの魚が捕獲されない場合、その失望感は大きいでしょう。労働時間の使い道を間違えたことの後悔です。期待以上の成果も格別です。投資活動により、利潤と損失、成功と失敗が明瞭に意識されることになります。

網が完成して網の使用期間が終了するまでは、意思決定時点の期待に過ぎません。時間が経過し、網を使用し始めると、網を編み出したときの評価は変わるでしょう。網を用いた漁が始まると、徐々に期待と実現値の乖離は埋まり、網の耐用年数が尽きるときに利潤と損失が確定します。

孤島のロビンソンの世界で確認しましょう。4尾の小魚（ＧＤＰ）は、2尾の消費（Ｃ）と2尾の貯蓄（Ｓ）に分かれ、ＧＤＰ＝Ｃ＋Ｓで示されました。この貯蓄2尾が原資となり、1反の網（Ｉ）を生産したので、ＧＤＰ＝Ｃ＋Ｉとなりました。つまり、貯蓄（Ｓ）＝投資（Ｉ）という関係が成立していました。

この関係は、定義された式であり、恒等的に成立します。ＧＤＰは国内総生産物ですから、これを１００としましょう。事前の期待において、１００の生産物の内、70を消費（Ｃ）し、30を投資（Ｉ）するとします。30は消費されずに投資に回るため、貯蓄（Ｓ）も30です。Ｓ＝Ｉは成立しています。Ｉの中身は、工場や機械設備とします。

しかし、消費予定の70は、実際には60しか売れなかったとします。１００の生産をしているので、ＧＤＰ＝60＋40になります。Ｉは30ではなく、40になっています。これは10の売れ残りが発生したことになります。それは、意図せざる在庫投資です。販売が好調で、意図的に10の在庫を積み増すことはありますが、売れ残りは期待外れの結果であり、商品を生産する工場や設備投資の回収を困難にします。意図せざる在庫投資は、工場や設備投資の失敗なのです。期待を下回るとき、生産活動の水準は低下し、景気後退となります。

過少な消費は、景気後退の原因です。もちろん、ロビンソンの生活では、節約が重要です。消費を我慢した貯蓄で網を生産し、これを契機としてロビンソンの生活は一気に改善できました。貧しい社会は、節約ができれば、経済成長の軌道に乗れるのです。

しかし、豊かな社会では、節約は美徳ではなくなります。生産力に余裕のある社会では、消費期待がなければ投資しません。モノ不足を演出できなければ、誰も投資をしません。満足していたはずの社会に不満足をもたらすことで、人々の所得は増加するのです。

挑戦に対する報酬

小魚に飽きたロビンソンは、コストを考えながら、高い木の上の果実を採ろうと考えます。これまでと異なる消費財にチャレンジできるのは、豊富な貯蓄を有する余裕の表れでもあります。生命を維持するために最初に事業化したのは、漁をすることでした。網を作成し、漁をすれば、毎日一定量の小魚を捕獲できます。ここで漁はデータ化されました。生存基金となる小魚を準備する余裕も生まれました。さらに網を作成し、様々な場所に仕掛けることで小魚の漁獲量は増え、漁の時間は短縮化できます。

食生活は豊かになりますが、小魚の限界効用が逓減していくので、投資収益率も低下します。これは利子率の低下です。資本が蓄積すればするほど、利子率は低下するのです。現在では、先進国の多くが極めて低い利子率となっています。工場や機械設備などに投資しても、人々の効用を高めるだけのメリットがないのです。

小魚が増えても豊かさを感じないように、既存の商品を増やしても、人々の効用は高まらなくなりました。挑戦する準備は、資本蓄積にあります。ロビンソンの世界では、自らが耐え忍び、貯蓄するしかありませんでした。しかし、市場経済は、生産性を大幅に向上させ、生活に余裕を生み、資本蓄積による成長と発展の機会をもたらしました。

利子率の低下は、モノ余りの証であり、豊かさの象徴です。しかし、投資活動が所得を増やすのであれば、モノ不足を意図的に作らねばなりません。低金利の余裕のある社会では、冒険が許されます。生きるか死ぬかの生活では、食料確保が優先されます。一か八かの生産活動に資源を投じるのは、十分な生存基金が準備された余裕のある社会です。梯子を作って、未知の果実を採取しても、不味くて食用に相応しくない果実かもしれません。失敗しても生存権が脅かされない状態であれば、ベンチャー（venture）事業に取り掛かれるのです。資本コストは、時間選好率の低下により、リスクを負担することができます。

データの存在しない事業は、収入の確率的予測ができません。確率分布を描けない不確実性に挑戦し、私有財産を賭けることになります。このような事業に挑戦して、成功した報酬が起業家利潤です。果実が美味しいとわかった後は、生産と消費が繰り返され、事業のデータが集まります。そのため、事前の期待と事後の結果に大きなギャップは生じません。データの収集とその分析方法が分かっている状況は、経営者による管理が可能です。

新たな事業は、新たな道具が必要になります。網に代わり梯子が必要になりました。梯子が作成され、果実が豊富に採取できるようになると、野鳥のワナの作成に取り掛かれます。それぞれの道具の魅力は、道具を使用して、成果が実現した時に分かります。新たな道具は、有形の資本財とは限りません。新しいビジネスの方法や組織設計などの無形資本も起業家利潤の源泉となります。

事業は、限界的な投資の価値が高い順番に構想されます。そして、投資が完了し、実際に生産活動を開始すると、その成果を評価し、計画の見直しが行われます。期待段階の限界投資利益率と実現段階では異なる値になり、投資を中止するか、継続するかを決めることになります。

利子率は、豊かさに応じて、傾向的に低下します。同じような商品を生産する工場や機械設備が増加しても、そのありがたさを感じません。新たな豊かさをもたらすような新商品の登場が、新たな資本需要をもたらします。新商品を生産するための道具が求められます。こうした投資は、起業家利潤をもたらすため、資本需要が増加すれば、利子率が上昇に転じます。新しい投資機会と既存の投資機会の争奪戦が起こります。それは、既存の資本価値を低下させ、新たな投資を増加させることになります。

格差を生み出す市場の仕組み

孤島の生活がロビンソンとフライデーの二人の生活になると、分業経済になります。人には得手不得手があるので、得意な仕事に特化することは合理的です。第1日目はロビンソンが漁に携わり、16

時間で4尾の魚を獲り、漁が不得手なフライデーは、ロビンソンから魚2尾を分け与えられ、16時間で漁網を製作します。

この分業は、既に格差問題の原因を内包しています。ロビンソンが小魚という生存基金を所有しており、フライデーはこれを需要して網を製作します。フライデーは、ロビンソンによる生存基金の供給なしには生活できません。私有財産の交換を前提とすれば、フライデーが生産した網の所有権は、ロビンソンに帰属します。ロビンソンの捕獲した2尾の魚とフライデーが製作した漁網の交換です。ロビンソンは労働者であると同時に資本家になります。

2日目になると、網を所有したロビンソンの漁は、16時間で小魚20尾を捕獲できます。しかし、10尾で満腹になるため、フライデーの生存基金4尾を加え、14尾の捕獲で漁を終えました。11時間と少しの労働時間です。フライデーには4尾の魚を与えて、16時間の労働力と交換しました。初日の2尾に比べると、フライデーの食生活は向上しました。しかし、満腹になったロビンソンとは異なり、4尾の小魚は16時間労働を維持する最低水準の生存基金です。

2日目になると、ロビンソンは、果実を採取する梯子の製作をフライデーに依頼します。もちろん、梯子の所有権もロビンソンにあります。3日目になると、ロビンソンは、網と梯子をフライデーに貸与することにします。フライデーは、網と梯子を使って、漁と果実の採取を行います。素手の漁が不得手であったフライデーも、網を使えば漁ができます。16時間労働で、小魚14尾と数個の果実を採取しました。

しかし、フライデーの所得は、4尾の小魚のままです。ロビンソンは、労働することなく、10尾の小魚と果実を食することになりました。ロビンソンは、労働をしない資本家となり、フライデーは資本を所有しない労働者となります。

ロビンソンの欲望が新たな投資計画を導きます。小魚や果実を少し我慢すれば容易に貯蓄でき、投資が可能です。ロビンソンの貯蓄は、フライデーの漁と果実採取の時間を減らし、この時間を資本財の生産に割り振ることになります。それは、現在でも同じです。消費財生産者が使用する資源を資本財生産者に割り振ることです。

ロビンソンは網を大きくするように依頼します。漁の時間を短縮化できれば、残りの時間で果実採取と野鳥を捕獲するワナを作らせることができます。資本を蓄積したロビンソンは、フライデーに貸与することで、小魚10尾と数個の果実、そして野鳥の肉を食することができます。しかし、フライデーの所得には変化がありません。4尾の小魚という最低賃金と引き換えに、ロビンソンのために消費財と資本財を生産し続けることになります。

企業の所有権は、網や梯子の所有権であり、その価値を私有財産として認識できるのは資本家であるロビンソンです。しかし、その価値あるものを作るのはフライデーなのです。資本家であるロビンソンは、4尾の魚でフライデーを雇用し、ますます豊かになりますが、フライデーの生活は窮乏状態のままです。これが階級対立であり、資本主義の格差問題となるのです。

資本蓄積が進むにつれて、投資利益率は低下しますから、資本の報酬を示す利子率も低下し続けます。それは、資本家の所得を減少させるように思われるかもしれません。しかし、限界的な投資収益率と資本コストが一致するまで投資をすることでロビンソンの所得は最大化されます。

資本の蓄積過程で多くの生産手段が製作されると、フライデーの労働生産性が上昇します。資本蓄積の進展に応じて労働の限界費用は逓減（収穫逓増）することになります。資本は労働との代替的関係として捉えるのではなく、労働生産性を高め、その結果、労働力を相対的に過剰にするのです。投資が続くことでロビンソンの富は増加し続けますが、フライデーの所得は増加しません。

格差の合理的説明

ロビンソンとフライデーの間の格差は、合理的に説明できるのでしょうか。ロビンソンは、資本家になると複利計算で資産を増やすことができます。次から次へと投資できるということです。金利が漸減傾向にあるとしても、ロビンソンという一人の出資者の財産は増加します。ロビンソン自身の生存基金が十分であれば、余剰の所得で労働者を雇用できます。労働者一人の労働時間は限られていますから、一人一人の労働者の所得は増えませんが、多数の労働者を低賃金で雇用できます。資本家は自身の時間と無関係に多数の労働者の時間を支配下に置くことで、富を増大させることができるのです。

所有権を前提とすれば、格差は論理的な帰結となります。つまり、合理的かもしれません。親の財産を承継したり、宝くじに当たったり、金鉱を掘り当てたり、偶然のヒット商品に恵まれると、その所得の所有権を主張できます。

ロビンソンが豊かになり、フライデーが貧しい労働者になる必然性は、漁網の所有権にありました。最初に、ロビンソンが漁を行い、フライデーが漁網を編んだことにあります。フライデーが漁を行い、ロビンソンが網を生産すると、事態は逆転したかもしれません。

誰もが道具の所有権を主張しないのはなぜでしょう。道具は誰がどのように生産しているのでしょうか。自分で道具を作り、その道具を使って生産活動を行うという自給自足ではありません。道具を作れる人が道具を使いこなせるとは限りません。槍を作るのが上手い人が、狩りに長けている可能性は高くないでしょう。

アダム・スミスの市場の例で説明したように、人々が自分の得意な仕事に特化することで、生産物は増加します。特化する労働力は、優れた道具を使いこなす能力です。しかし、その所得の多くは、労働者より資本家の手元に残ります。もし、フライデーが将来を予想できる狡猾な交渉力を持っていたらどうでしょう。漁ができなくとも、網を編むための生存基金2尾を、ロビンソンから借り入れる契約を結ぶことができます。翌日には、ロビンソンに利息付きで小魚を返すことができ、網はフライデーの所有物になります。網を所有したフライデーは資本家となり、器用なロビンソンに漁を託すこともできます。

つまり、所有権は、誰もが主張できるのです。重要なことは、価値のある道具の所有権でなければ意味がないということです。それは、将来の消費財需要を予測し、魅力的な消費財を生産する道具の所有権です。

市場経済では、価格によって資源配分が決まります。所得は地主と労働者、そして資本家に分配されます。生存基金を供給した資本家の所得のうち、所有権を主張する資本家の所得は、すべての所得を分配した後の残余に与ることになります。自然資源が豊富であれば地代は上昇しません。誰もができる仕事であれば、労働者の賃金は上昇しません。多くの資本家が自由に参入できる事業を所有しても、個々の資本家に帰属する残余所得に超過利潤はありません。

生産要素は、相対的に希少な生産活動に投じられる時、所得を高めることができます。労働力を相対的に過剰な存在にすれば、地主と資本家の所得が増えます。技術革新を伴う資本蓄積は、不熟練労働者を相対的に過剰にしてきました。誰もが簡単に生産できるような道具が開発されると、職人技が必要なくなり、不熟練労働者の賃金は低下してきました。グローバリゼーションで、企業が国境を越えるようになると、資本は過剰な労働者を求めて国境を越えます。

現代の高度な専門職であってもＡＩなどに代替されるときには同じ問題に直面します。いつの時代も、難しい仕事を簡単にするための技術革新が行われ、労働力を相対的に過剰とすることで経済が発展してきました。困難な自然資源の採取も、技術進歩が解決してきました。資本家は、労働力と土地を相対的に過剰にすることでその所得を最大化してきたのです。

個人は、現在の消費と将来の消費を比較します。将来消費の決定は貯蓄決定でもあります。貯蓄を決定した個人が、自らの将来消費のために投資をするのであれば、将来消費の派生需要である資本財の価値は、消費者自身が決めることになります。しかし、金融資本市場が発展した現代社会では、貯蓄者は自らの意思決定で投資するわけではありません。投資は企業経営者に委ねられます。人々が小魚を欲しているのか、果実を欲しているのかは不確かです。

企業経営者は、貨幣資本の形で、不特定多数の貯蓄者から資本を調達し、これを事業に投資します。投資する経営者は、自らの将来消費とは直接関係しない財やサービスを生産します。他人の将来消費のための生産にはリスクを伴います。生活に困窮している多くの人々の商品生産より、一部の高額所得者に需要される商品で大儲けできるかもしれません。少数者の生命にかかわる重要な財よりも、無意味な奢侈品が所得の増加に貢献します[2]。

格差は、相対的に希少な生産物を供給する者に超過利潤をもたらします。しかし、不足しているモノは、多少ともリスクのある生産活動になります。ロビンソンは、必要性の高い生産物を認識しており、相対的に資本が不足している生産活動に生存基金を供給し、フライデーを雇用しました。過剰な労働力と過少な資本の結合によって、資本家は利潤を獲得できます。将来の生産物が相対的に過少なのか、過剰なのかを評価することは簡単ではありません。

しかし、国境を越える独占企業や寡占企業は、難しい判断を必要としません。資本が過少で過剰な労働力を抱える国は明確です。資本輸出により、超過利潤を確保できるのです。

［注］

（1）この投資利益率は、アービング・フィッシャー（Irving Fisher）の『利子論』（*Theory of Interest*, 1930）における限界的な費用超過収益率（marginal rate of return over cost）であり、Ｊ・Ｍ・ケインズの資本の限界効率（marginal efficiency of capital）と同様の意味で用いています。その考え方は、企業の投資理論に引き継がれ、Ｊ・ディーン（Joel Dean）の『資本予算論』（*Capital Budgeting: Top-Management Policy on Plant, Equipment and Product Development*, 1951）における内部収益率（internal rate of return）法になります。

（2）所有権が利益の必要条件であれば、株主にならねば利益を享受できません。借入は、他人の貯蓄を利用して株主の利益を増やすレバレッジ効果が期待されました。低金利の借入金を利用することで、自身の財産価値が高められると考えたのです。

この問題は、資本構成と企業価値（資本コスト）の関連を巡る研究テーマになり、フランコ・モジリアーニとマートン・Ｈ・ミラーの論文（１９５８）を契機に一大論争に発展しました。彼らは、新古典派の市場理論に基づいて、資本コストと資本構成は無関連であるというＭＭ命題を主張しました。それまでの伝統的な見解では、ある程度までの負債利用は低金利を梃子に企業価値を高め、一定の水準を超えると倒産の危険が増加するため、企業価値が下落するというものでした。つまり、最適資本構成の存在を暗黙裡に仮定していたのです。

現在の企業財務の基本的なテキストは、ＭＭ命題に基づくものの、法人税と倒産コストを想定した最適資本構成の存在を仮定しています。しかし、問題にしなければならないのは、ＭＭ理論が依拠している世界は、部分均衡理論に基づく資源配分論であり、静学的な価格理論であるということです。新規の投資によって、リスククラスに変化が生じる場合には、この議論は意味を失ってしまうのです。それは、一般均衡理論であるＣＡＰＭにも当てはまります。

第6章　ロビンソンクルーソーから国家を考える
―マクロ経済的視点と国家の役割―

市場秩序のための法と秩序

分業経済は、いかなる時代でも必要不可欠な生産方法を構築します。古代エジプトのピラミッドやスフィンクスは、設計者の構造計算や石材を運搬する専門家、そして多くの肉体労働者による分業と協業によって作られた建造物です。日本の神社仏閣も、専門に特化した多くの職人が建立に関わっています。歴史的な建造物ですが、肉体的分業以上に、その知識と技術の結晶は驚くべきものです。人間は、市場が存在しない太古の昔から、散在する知識と技術を結合する分業と協業の仕組みをもっていたと考えられます。重要なことは、その仕組みが誰に資するかです。

スミスは「見えざる手」という比喩を使い、市場という人知の及ばない仕組みによって、私的利益の追求が諸国民の富を高めると主張しました。無秩序なように見える交換ですが、私有財産を定義すると同時に、共通尺度となる貨幣を媒介にして行われます。私有財産の交換を保障するための様々な法律を制定し、その取引を正当化します。自己責任に基づく機会選択が、社会にとって有用な取引に導くように、法と秩序が形成されていなければなりません。

機械やコンピュータが使用される現代の社会も、最終的な意思決定は人間が行います。人間は、限定された合理性しか持たず、機械のように正確には動きません。法と秩序は、人間が行動するための標準的マニュアルを提示します。もちろん、秩序を重んじ、正直に働く人間だけではありません。人間は、秩序を破壊する行為や狡賢い取引を考えます。秩序の破壊や卑怯な行為は、市場取引の障害になります。一方、秩序が保たれている社会は、利害関係が固定化するため、変化を伴う社会発展が阻害されます。

そもそも、秩序のない混沌とした社会では、分業そのものが成立しません。市場取引が円滑に機能するには、秩序を形成し、これを守らせる強力な権力が必要になります。それは取引コストの削減に繋がります。

私有財産を交換する市場取引は、個人財産の特定が前提条件になります。個人と財産を紐づけるには、個人を確認した上で、各個人の財産を保障しなければなりません。国籍を与えることで、個人を特定して、財産権を与えます。見方を変えると、国家という概念が形成されなければ、私有財産という概念も形成されないことになります。国家とは、取りも直さず法治国家であり、国家の法律が市場を形成することになるわけです(1)。

経済学における人間像は、経済社会とその活動を描写するために必要です。経済合理性は、一定の社会的な状態に基づいて判断されます。それは、ロビンソンの暮らしとは異なり、法律に支えられた分業経済を仮定しています。自由気ままな自給自足の暮らしではなく、他者との契約に基づく社会です。分業経済を想定しないのであれば、社会という言葉も意味を失うでしょう。

したがって、市場経済は、自生的な生成と同時に国家が関与します。私有財産の定義と保障、そして交換の媒介となる貨幣の発行は、法と秩序を形成する国家権力に依拠します。会社法は、市場取引と整合的な法でなければなりません。国家の制度如何で取引コストや組織内コストは異なるのです。

魅力のない国家には企業が留まらず、国境を越えるでしょう。国会や政府、そして裁判所などの機関設計に加えて、軍隊や警察、消防、そして交通インフラなど、市場の形成に必要不可欠な物的な環境整備も必要です。交通の要衝となることで、都市が形成され、様々な地方の物産が交換される場となります。人が集まることで、情報交換が行われ、労働市場や金融市場も形成されます。交通網の整備は、モノやサービスの取引を円滑にし、情報通信技術の発展は、市場取引をインターネット上に拡大しました。

市場取引の拡大は、他人への依存度を高めることを意味します。他人に依存できる環境の整備が、国家の強さであり魅力度に繋がっています。私的利益の追求は、個々人の機会主義的行動を抑止する国家の正義のなかで許容されるのです。オレオレ詐欺やアポ電といった犯罪は、交換ではなく略奪です。電子決済サービスと銀行口座との連携の隙を突き、口座番号やパスワードから現金を掠め取る不正行為は、電話営業やネット上の取引を阻害します。

組織犯罪は、高度な専門的知識を有した分業組織を構築しています。ターゲットを絞り込み、心理学などを応用した騙しのテクニックは、経営学を駆使した巧妙な罠を仕掛けます。しかし、それは正当な市場取引ではなく、市場取引を破壊する活動です。

市場取引は、コストとリターンの比較考量の場です。一方的にリターンを奪い取る行為は、市場取引ではありません。そうした犯罪行為は、社会的費用になります。私有財産と社会的富の追求が相矛盾するとき、国家権力による取締りが必要になります。法と秩序は、市場取引を円滑に行うための無形の社会資本なのです。

私的仕事と社会的仕事の割り振り

孤島におけるロビンソンの生活から、私的資本と社会資本について説明しましょう。これはマクロ経済学における政府の役割を理解できます。ロビンソンは、合理的経済人として描かれてきましたが、ここではマクロ的に集計した経済主体として、彼の行動を考えることにします。彼は労働力と土地と資本の3つの生産要素を所有しており、これを活用して最大限の生産物を供給できます。

ロビンソンは、魚や果実などの消費財や網や梯子などの資本に加えて、水を確保するために井戸を掘り、漁場までの道を作ります。これらは、孤島ではロビンソンの私有財産になりますが、フライデーとの共同生活では、二人の共有財産になるでしょう。もちろん、ロビンソンが所有権を主張し、フライデーに使わせないという選択肢もあります。しかし、そうした行為は、ロビンソンのリターンとはなりません。

こうしたロビンソンの生産活動は、私たちが政府の仕事（G）と考えるものであり、私たちの税金（T）によって賄われています。ロビンソンの所得は、税金として徴収され、残りが消費と貯蓄に割り振られます。

1日の生活は、食料確保のための労働が中心でした。小魚や果実などの消費財を得るための生産活動と、網や梯子などの投資財の生産活動です。しかし、ロビンソンは、食生活のみならず、井戸を掘り、道を作るといった環境整備を行うことになります。ロビンソンは役人（もしくは政府系企業）になり、自らの生存基金である魚や果実を、消費財と資本財の生産活動以外の役人の生産活動に割り振ることになるのです。

ロビンソンの供給する生産物（GDP）は、1日の生存基金です。すべてが小魚とすれば、これを現在の消費財のための活動（C）、将来の消費財のための蓄え（S）、そして生活環境の整備のための活動（T）に配分することになります。たとえば10尾の魚が1日の生存基金であるとすれば、6尾の魚で消費財である漁（C）を行い、2尾の魚は漁の活動に充てないため、貯蓄（S）行為となります。この貯蓄は、網（I）に投資する生存基金となります。そして、残りの2尾は井戸掘りや道を作るための生存基金（T）となり、井戸や道（G）になります。

生産者は、ロビンソン一人ですから、供給能力である（C＋S＋T）は、ロビンソンの生産力で決まります。この所得をどのような仕事に割り振るのかは、ロビンソンが何を需要するかで決まります。現在の消費を需要するのであれば消費財生産（C）に割り振り、将来の消費財を需要するのであれば、投資財（I）に割り振り、それ以外の生産活動であれば政府（G）の仕事に割り振られます。ロビンソンの供給と需要をその種類に応じてまとめると、以下のようになります。

$$C+S+T=C+I+G \qquad (7)$$

左辺の総供給能力を超えるような需要があっても、これを賄うことはできません。両辺のCは同じですから、（7）式は、次のようにまとめられます。

$$(S-I)=(G-T) \qquad (8)$$

GDP＝C＋I＋Gという関係から分かるように、消費需要（C）が多いと、投資財（I）や政府（G）の需要は充たされないかもしれません。消費需要を一定とした場合、投資財（I）が増えると政府の仕事（G）が充足しません。

$(S-I)>0$であれば、$(G-T)>0$になります。$(S-I)>0$は、過剰貯蓄もしくは過少投資です。過剰に貯蓄した生産資源は、政府の活動に回すことになります。$(G-T)>0$は赤字財政であり、税金だけでは政府の仕事が賄えない状態です。もちろん、ロビンソンの孤島では、赤字財政という概念はありません。消費財も満たされ、道具を作る必要がないので、井戸を掘り、道を作るのです。

市場の失敗と社会的資本

井戸や道は、ロビンソンが作るものですが、フライデーの利用を排除できません。フライデーが井戸から水を汲み上げても、無断で道を歩いても、これを咎める必要はありません。井戸水が枯渇しそうな場合は別ですが、フライデーが利用しても、ロビンソンの費用は増加しません。私有財産の交換が機能しないため、市場の失敗となります。これらは、ロビンソンの私的資本とはならず、フライデーも利用可能な社会資本となります。私有財産に基づく取引だけでは、社会的な豊かさは実現できないのです。

道路や上下水道を私有財産で建設すると、有料道路や有料の上下水道の売買取引が必要です。料金を支払わない人の排除や監視のコストには膨大な取引コストがかかることになるでしょう。大気汚染を取り締まる活動は、私企業では成立しません。

政府は、私有財産を保障し、取引の正義を決め、違法な取引を排除する仕事に従事します。それは、取引コストを削減するインフラの整備です。社会的な共通資本という概念は、取引コストの視点からも考えねばなりません。

民主主義国家に属する人々は、国家の共通インフラを整えるために、納税義務を課されています。ロビンソンは、合理的経済人ですから、網の製作と道路づくりを計画的に行うでしょう。しかし、他人のための犠牲には、積極的になれません。道路や港、空港などが必要であると思っていても、自分一人の私有財産を犠牲にするつもりはないでしょう。自己利益を追求する生産活動が、騒音や大気汚染により他人に迷惑をかけても、こうした社会的な迷惑行為（社会的費用）を止めないかもしれません。人々が集合すると各自の計画と社会のあるべき姿は一致しません。

社会的費用は私的利益獲得のための私的費用の集計にはなりません。つまり、各個人の機会選択に任せていては、民主主義的な公平・公正な社会的サービスを供給できないのです。市場経済では、裕福な消費者の投じる票は多く、貧しい消費者の投じる票は少なくなります。

民主主義の公平・公正と市場取引の公平・公正には違いが生じます。110番に電話をして、サービス内容の相違に応じて料金の説明を受ける社会を考えてください。私有財産を前提とした市場取引では、社会の共有財産は形成できません。市場以外から別途資源を確保する社会的共有財産が必要になるのです。

国家や地方自治体などが所有する社会的財産と私有財産とのバランスは、多くの資本主義社会が当初より抱える問題です。警察や消防、道路や鉄道などの整備、電力などのエネルギー資源の確保は、社会発展のために国家が関与すべき生産活動です。医療や教育、ＩＴＣ環境の整備なども重要な社会インフラです。多くの財・サービスを市場機能に委ねるとすれば、徴取する税金は少なくなります。政府の役割を増やせば、税金は増えざるを得ません。

生存基金の使い方

税金は、国家の仕事を賄うための生存基金になります。しかし、生存基金は税金ではなく、国債でも構いません。実際、税収で賄うことができない支出は、国債に依存しなければなりません。税とは異なり、国内で消化される国債は、国内の裕福な家計貯蓄が原資となります。

投資を上回る過剰貯蓄は、政府の仕事に回すことができるのです。豊かな人が貧しい人の現在の社会的サービスを肩代わりすることになります。債権・債務の契約関係が必要になるため、増税よりは国債の発行の方が統制の利く生存基金になるかもしれません。

しかし、政府と民間で資源を奪い合うことになれば、インフレを起こすでしょう。完全雇用が達成されている状態での奪い合いは、貨幣的な現象ではなく、供給能力自体が需要に追い付かない真正インフレーションの状態です。供給力が一定であれば、これを超える需要は実現しません。

一方、供給能力が十分にある場合はどうでしょう。豊漁になると、計画以上に魚が確保できます。しかし、必要以上の魚に魅力はありません。果実が豊作の時も同じです。魚を獲る網や果実採取の梯子の需要もなくなります。余分な魚や果実はモノ余りの状況です。ロビンソンは休暇を取ることができます。仕事をしたいのに、失業することになれば、モノ余りによる景気後退です。需要を上回る過剰供給は、物価下落（デフレーション）に導きます。

景気後退期の失業問題は、新たな需要を見つけ、ロビンソンに働く機会を与えることで解決されます。未利用な資源が活用され、景気が回復します。景気回復が遅れている先進諸国では、政府が国債を発行して雇用を確保することができます。何もしなければ失われてしまう生産資源が、政府による需要管理で生きた資源に代わるのです。資源は利用しなければ、何も生まずに費消してしまいます。

しかし、私有財産を犠牲にしない政府の仕事は、緊張感がありません。失敗しても自分の財産が失われないとすれば、無責任で非効率な仕事が蔓延します。それは、社会の富を毀損させることになるでしょう。政府の仕事に期待し過ぎてはいけません。私企業ができる仕事は、私企業に任せ、正義に反するか否かを監視することが重要なのです。

市場取引と海外貿易

ロビンソンとフライデーの共同生活は、自給自足生活から分業経済への移行です。それは交換取引としての市場形成の萌芽です。ロビンソンの所有する財産とフライデーの財産の交換です。両者における財の交換比率は価格ですから、ミクロ経済学のテーマになります。一方、マクロ経済的な視点で考えると、ロビンソンとフライデーはそれぞれが意思決定権を有する国家と見なすことができます。

ロビンソンを主体に考えると、フライデーは海外の経済主体です。貿易収支の問題です。ロビンソンがフライデーの生産した財を購入すれば、輸入（M）と同じです。ロビンソンの国では、総供給が増加します。反対に、ロビンソンの生産した財をフライデーに提供すると輸出（E）になります。GDPは次のように表すことができます。

$$C+S+T+M=C+I+G+E \qquad (9)$$

ここでも、両辺のCは同じですから、次のような関係にあります。

$$(S-I)+(T-G)+(M-E)=0 \qquad (10)$$

この式を(S−I)+(T−G)=(E−M)とすると、国内の過剰貯蓄や財政黒字があると、貿易収支が黒字になります。財政が均衡していると(S−I)=(E−M)となり、貯蓄過剰（過少）が貿易黒字（赤字）に対応します。財政赤字の説明をするときには、(S−I)+(M−E)=(G−T)で説明されます。貯蓄過剰か貿易収支の赤字は、財政赤字に対応します。しかし、（10）式は恒等式ですから、因果関係の説明はできません。

マクロ経済学の経済主体は、家計と企業と政府、それに海外が加わりました。各経済主体は、それぞれ単独では完結しません。期待する結果と実現した成果には、乖離が生じます。そのため、経済主体相互に調整する必要が生じるのです。貯蓄が過剰な状態のとき、ロビンソンは何を選択するのでしょう。社会的な仕事を増やすか、フライデーへの販売を増加させる選択です。

前者はロビンソンの国債所有を増加させます。ロビンソンが国債を発行し、ロビンソンがこれを所有しているので、債権と債務は相殺されます。後者は、ロビンソンが債権者となり、フラーデーが債務者になります。

起業家と国家による秩序形成

ロビンソンとフライデーの生活は、二人の役割を決めて、その約束を守ることで日々の生活がルーチン化します。同じ仕事を繰り返し、生活は安定します。法と秩序の形成は、人々の生活をパターン化するでしょう。フライデーは、同じ生活が続くということで安定をもたらしますが、変化がないため成長や発展は期待できません。ロビンソンとの所得格差は拡大していきますが、常態化した生活に慣れると、特に不思議なこととは考えないでしょう。

しかしながら、人間の生活が、財やサービスによって規定され、秩序づけられているとすれば、新たな財・サービスは新たな生活に導くことになります。産業革命は、人力から機械化した動力源に変化した結果です。鉄道やトラックなどは、市場取引を活性化させ、各地の生活が標準化しました。インターネットは、情報格差をなくすだけでなく、リモートなどによる働き方改革に繋がります。どのような財・サービスも、新たな誕生によって既存の財・サービスの需給に影響を及ぼし、旧来の利害関係者と新たな利害関係者間の衝突が起こります。取引方法の隙をつくような悪知恵を働かす人も登場するでしょう。

こうした利害衝突の調整や悪意のある行為を排除するには、新たな法による秩序が求められます。しかし、それは財・サービスの取引と同時に成立するものではありません。新規の事業が登場すると、財・サービスの使用上の問題のみならず取引上の諸問題が発生し、社会的な価値観を形成しながら、正義に適うような仕組みを構築しなければなりません。販売が規制されれば、出資や融資にも影響を及ぼします。資本は財・サービスの派生需要ですから、財・サービスの規制は資本市場の規制にもなります。

イノベーションを起こすような活動は、既存の法と秩序に相いれない事柄が考えられます。新たな財やサービスの誕生は、その取引を円滑に行うための法律を生みます。そこには必ず利害関係の衝突があり、徐々に正当な取引として認知されるようになるのです。これは、必要不可欠な利害衝突です。

法と秩序は、事業創業に先立って施行しようとしても、立法府は機能しません。新規事業の起業段階では、第三者との取引によって表面化する問題が発生していないのです。先端技術による事業の創業は、既存の技術や事業の価値を毀損するでしょう。あるいは、予期せぬ社会問題を発生させるかもしれません。

たとえば、自動車は馬や馬車に代わる画期的は発明でした。馬や馬車の需要が減り、自動車の供給が増えました。しかし、その普及過程で、人身事故や物損事故が多発しました。自動車を原因とする死亡事故は、自動車の普及につれて増加しました。シートベルトの義務化は、運転手や乗客を保護するために国家が介入して規制を設けました。自動車会社は、政府の規制によって、シートベルトの装着を義務付けられました。現代では、衝突を回避する自動運転などの取り組みが行われています。

自動車の排ガス問題は、依然として、世界的問題です。米国の規制で始まった排ガス規制は、米国自動車会社の抵抗もありましたが、これに対応できた日本車が売上の成長を実現しました。現代では、ガソリン車を排除する国や州の動きが、自動車会社の意思決定に影響を及ぼしています。

こうした国家による諸規制は、市場の意思決定に介入し、各経済主体の機会選択に影響を及ぼしています。ガソリン自動車からEVに代われば、資源の流れは大きく変わります。ガソリン自動車しか生産していない会社は、戦略の変更を迫られます。

インターネットの普及も同じです。便利な世界になる一方で、個人情報の漏洩や詐欺的な取引、リアルな銀行強盗とは異なる目に見えない窃盗、ハッカーなどによる社会的問題が発生しています。

これらのコストは一時的には企業が負担しますが、最終的には、これを利用する顧客が負担することになります。社会的な問題は、私的な費用に転嫁されるのです。市場の秩序は、国家により変更を迫られており、この流れを受け入れることができなければ淘汰されます。企業資本の価値は、国家の権力を受けて変化するということです。1株1票と1人1票の攻防ですが、民主主義が資本主義経済の中で生き残るには、国家の介入が必要になるでしょう。

利害衝突がなければ、法と秩序の問題はリアリティがありません。利害衝突のない社会は現状を維持する仕組みであり、社会の発展に繋がりません。法律に規定された事業のみが承認されるため、社会は変化しないことになります。発展する社会は、模倣できる法や秩序が存在していないのです。

法と秩序は、問題発生の度に試行錯誤を繰り返しながら整備されます。伝統を重んじ過ぎれば、新興企業は生まれません。新たな事業の構想と既存事業の利害対立は、伝統的社会との新たな社会調整を招くことになります。(2) 起業家の活動は、社会の秩序を変える活動であり、同時に新たな国家の介入をもたらすのです。

［注］

（1）国家の概念が形成できない社会では、人々は国民という意識を持ちません。その地域を支配する人が誰であろうと、その地域に住む人の所得が増加すれば歓迎され、所得を減少させる支配者は敬遠されます。民主主義的な法治国家の場合、他国の支配は許容しませんが、国民としての意識が形成されていない社会では、他国による植民地支配でも反発が芽生えないかもしれません。

（2）それは、保守と革新の関係であり、また大陸型（制定法）と英米型（判例法）の法体系の比較になるかもしれません。

第7章　バイパスによる時間の節約（急がば回れ）

―オーストリア学派の商人的資本理論―

迂回生産と消費された生存基金

企業という概念は、ロビンソンクルーソーの網や梯子を用いた生産活動の主体です。ロビンソンの個人的行動を市場経済の視点から考えてみましょう。企業は、網や梯子に費やされる生存基金を原資とし、生存基金以上の価値が期待できるときに誕生します。生存基金は、労働者の生活を維持する衣食住などの生活物資やサービスのすべてです。経営者の創意工夫や技術者の開発を支える資金でもあります。

改めて確認しますが、生存基金は、生産能力に依存します。分業の成立がなければ十分な生存基金を確保できません。封建社会が成長できなかったのは、土地に縛られた狭い範囲の分業経済だったからです。市場経済は、原材料から完成するまでのサプライ・チェーン（Supply Chain）の分業システムであり、広範な分業により生産性を高め、生存基金を確保することで、資本蓄積を可能にしたのです。

ここでは、ミルトン・フリードマンとローズ・フリードマン（Milton Friedman & Rose Friedman）の共著（１９８０）『選択の自由―自立社会への挑戦―』（*Free to Choose: A personal statement.* Penguin Books. 西山千明訳、日本経済新聞社）の中で取り上げられた『われは鉛筆』（I, Pencil -- My Family Tree as told to Leonard E. Read）という随筆を援用して、市場における資本財と生存基金について考えます。

『われは鉛筆』は、一人称を用いた擬人化により、鉛筆である私の作り方を知る人間は、地球上に1人もいないという思索を綴っています。鉛筆は、木、亜鉛、銅、黒鉛などの天然資源と多くの人間の創造性が結合した奇跡です。自然資源は神の創造物であり、そこに多くの人間の知識と技術を組み合わせて鉛筆が作られています。

オレゴン州の山林から切り出される杉の木が、鉛筆工場に運ばれるまでの道のりは長いものです。チェーンソーなどで切り倒された木は、ロープで筏を組み、川を下り、山のすそ野からトラックや鉄道で製材所に運ばれ、鉛筆用の木材に加工され、鉛筆工場に運ばれます。鉛筆の芯も鉛の原材料が船舶などで輸入され、鉛筆の芯になるまでに加工されます。

完成した鉛筆は、その細部に至るまで多くの人々が関与します。チェーンソーを作る人、その原材料である鉄鉱石を採掘し、鉄の部品を作る人、筏を組む麻を栽培する農家、運搬用のトラックや営業に関与した人など、鉛筆の生産に関与したすべての人々とその技術を知る人は膨大な数になります。その詳細を説明できる人は、地球上には存在しないというわけです。

鉛筆生産のための分業は、生産活動を細分化して分担しています。それは現在の労働者のみならず、工場の機械設備や船舶、鉄道、トラック、そして原材料の採掘に関わった多くの過去の労働者の成果を反映しています。私たちは、1本の鉛筆を購入するのに、何時間働くでしょうか。時給1000円のアルバイトをすれば、1時間に数十本を購入できるでしょう。しかし、私たちは、道具の準備からはじめて、同じ品質の鉛筆をひとりで完成させるのに何年の歳月を要するでしょう。

一人の人間が、自らの消費財のために道具を順番に製作していたら、現在のような資本の蓄積はありません。ロビンソンの自給自足経済では、一生かかっても、木材を切り出すチェーンソーは完成しないでしょう。鉛筆の生産に関わる人の物語は、際限なく長いものになります。現在の鉛筆は、遠回りをして生産されていることになります。これを迂回生産と言います。混雑した街中を直進する（手作業）より、迂回路であるバイパス（道具の生産）を選択すると、短時間で目的地に到達できるということです。

工場が稼働している限り、鉛筆は生産され続けていますが、一方で、船舶や鉄道、トラックの生産も行われ、鉄道やトラック輸送の事業者が、物流の仕事をしています。これらの生産活動は、鉛筆の生産のみならず、多種多様な消費財生産に貢献しています。原材料から消費者の手に届くまでは、多くの企業間でＢ２Ｂ（Business to Business）の売買取引が繰り返されています。網の目のような企業間の取引が紡がれた結果、家計の消費に辿り着きます。

最後の取引は、小売店と消費者のＢ２Ｃ（Business to Consumer）取引です。ロビンソンの生活で見たように、特定の消費財が増えると、異なる消費財を欲するようになります。市場は、個々の財・サービスの生産量を増やすだけでなく、その種類を増やすことで豊かな社会を形成します。選択肢の増加が豊かさに繋がるのです。合理的経済人は、選択肢が増加しても、混乱することなく自身の効用を最大化できます。

原材料の採掘から始まる長い鉛筆の物語は、１本の迂回路ではありません。この物語と同時並行的にいくつもの幹線道路やバイパス、細い脇道があります。鉛筆のためだけに鉄道やトラックが作られているわけではありません。手作りの職人や工場で働く工員、企画や営業、経理や人事に関わる様々な人の生存基金が消費財となり、鉛筆の生産に関与しているわけです。

アダム・スミスのピン工場や鉛筆生産から分かるように、分業による生産性の向上は明白です。テレビや自動車、ＰＣなどの価格は、数年単位で劇的に低下しました。研究開発や技術者も専門に特化することで、知識の分業効率を高めているのです。工場の中では、誰がどのような仕事をすべきかを考えます。ベルトコンベアで流れる製品は、最も遅い工員のスピードに合わせなければなりません。工員の配置を間違えば生産は滞ります。試行錯誤的に生産ラインを工夫し、繰り返された工夫の蓄積が既存の生産ラインになっています。現在の分業体系は、過去の生産物と創意工夫の上に築かれているのです。

工場設備や輸送機器のみならず、道路や港湾といった有形の社会資本、そして、研究開発や教育といった無形資本が、現在の生産活動のインフラとなっています。こうした有形・無形の資本が蓄積されているおかげで、短時間に多くの鉛筆が生産されています。その資本は、貯蓄を原資とする生存基金によって形成されました。生存基金は人々によって消費されますから、取り返すことのできない埋没費用（sunk cost）となります。意思決定のための機会費用ではなく、選択結果としての過去形の費用概念です。

迂回過程を描写する貸借対照表

多くの消費財が生産され、小売店の店頭に並んでいます。これらの消費財が生存基金となって、新たな原材料や部品が生産活動に投入され、新たな消費財や資本財を生産していきます。チェーンソーを生産するか否か、トラックを作るか否か、という企業の意思決定は、購入者の購買予測に基づいているのです。物流システムとして捉えると、そのサプライ・チェーンは、最終的には私たちの生活に資する消費財になります。すべてのＢ２Ｂ企業は、私たちが消費するために、準備されている資本です。

サプライ・チェーン・マネジメントは、資本の効率性の追求であり、生存基金の最小化を意図した活動です。多種多様な生産活動が、貨幣資本-生産資本-商品資本という資本の回転運動を繰り返しながら、各事業の限界利益を探索しています。この資本の回転運動を一時点の静止画で捉えたのが貸借対照表です。

一つの国を様々な事業部からなる企業組織と見なせば、その生産活動を貸借対照表で捉えることができます。多角化した大企業の貸借対照表は、小さな国の貸借対照表よりも多くの種類と規模の資産を抱えているはずです。

借方にある様々な資産は、消費財の生産をするための準備であり、有形・無形の資産です。具体的には、現金預金やこれから家計が購入し消費するであろう商品、生産や販売活動に必要な備品や機械、車両、建物といった民間企業が所有する資産が記載されます。また道路や空港、港などの社会的資本も載っています。すべての国の貸借対照表を一つにまとめれば、貸付金と借入金のような債権・債務は相互に相殺されます。

多くの私的資本は、株式会社という法的な制度に則り、多種多様で大小様々な資産から構成されています。しかし、いずれの資産も、消費財の価値が変化するたびに、その価値を変化させます。貸借対照表の資産合計は、生存基金として投下された資金の合計ですが、その価値は常に変動しているのです。

貸方は、そうした資産に投資した貯蓄であり、生存基金の供給者別に分類されています。借入金、社債、株式などに加えて、地方政府や国家が発行した地方債や国債があります。いずれも、その原資は貯蓄です。この貯蓄が当該国民の貯蓄であるか、他の国の貯蓄であるかによって、資産から生み出される所得の帰属先が異なってきます。国債の発行が他国の貯蓄に依存している場合には、返済時期には増税が待ち構えているかもしれません。国家間の格差をもたらす可能性もあります。

貸借対照表の借方に記帳される資産は、資本蓄積の具体的な内容を示しています。完成した消費財や原材料、部品、備品、機械設備、工場、店舗、そして自然資源を供給する土地が記帳されています。土地を除いた資産総額は、過去に費やされた生存基金であり、社会の総貯蓄額です。経済成長があるときには、日々の生産活動で新たに資産が追加されます。それは純貯蓄を原資とする投資です。

迂回路の途中

迂回路の最終目的地は消費者ですが、その途中の道のりは資本という名前のついた道路です。目的地は様々ですが、最終的な小売店から消費者に手渡されるまでの時間を短縮化しなければなりません。

迂回生産は、資本形成の過程であり、新たな生産者が加わります。それは市場の拡大を意味しています。しかしながら、バイパスは1本ではありません。幹線道路や市街地、抜け道があり、不適切な道路標識に悩まされることがあります。Uターンできない道路もあります。工事や事故で迂回路が渋滞することもあります。そのため、迂回路を建設しても、効率的な資源配分ができるとは限りません。市場取引の阻害は、資本蓄積を停滞させます。

私たちの社会は、分業の設計次第で勝敗が決まると言っても過言ではありません。市場による分業の仕組みの良し悪しが、生産性の多寡に影響を与えることは理解できるでしょう。コースやウィリアムソンの取引コスト論から分かるように、市場取引の非効率性が経営学や商学の諸理論を生み出します。市場の取引が円滑に機能しない場合、企業組織内の管理が代替することになります。それは生産時間を短縮するための工夫であり、資本の利用方法に関する機会選択なのです。

生産過程は、最終目的地の家計消費に辿り着きますが、資本家の役割は、家計が消費するまでの迂回過程に生存基金を提供することです。株式会社では、迂回過程を支えるのは株主です。株主は、消費財の優先順位に応じて、道具としての企業資本を評価します。それは株式売買を通じた資本の参入と退出であり、市場取引の混雑や渋滞の予測です。企業組織の資源配分が、市場より効率的であると判断すれば、株主は企業への投資を選択します。

資本蓄積が進んだ豊かな社会は、長い迂回路を持つ大規模な貸借対照表が作成されます。網の目のような分業構造を持つ社会全体の貸借対照表は、多種多様な資本が土地と労働力を結合して回転します。鉛筆需要の増減は、トラックや鉄道事業の投資に影響を及ぼしますが、その意思決定は、市場の「見えざる手」の背後にいる経営者の「見える手」によってなされているのです。

分業経済では、生産者である企業が、資本の効率的利用を管理します。社会全体の貸借対照表の中から、意思決定可能な一部を切り出すのです。それは、迂回化した生産過程の一部を担うということです。

代替的資本と商人的資本

新古典派経済学では、資本と労働は代替的な関係で捉えられます。資本と労働を区別したとしても、そこには実質的な差はありません。生産目的を達成するために、非生命体の機械と生命体の家畜を比較するようなものです。機械や土地などの生産要素を一定の値に固定すれば、労働力を追加するにつれて、限界生産物の数量は逓減していきます。生産物の価格と限界生産物の積も逓減します。

一定の機械設備を有する工場であれば、ベルトコンベアで働く工員を2倍、3倍に増やしても、生産物が2倍、3倍に増えるわけでありません。雇用を増やしても、一人当たりの労働者の生産物は、同じように増えません。最初のうちは、分業や協業が働き、生産物が逓増するかもしれません。しかし、ある水準を超えると、工員を追加しても生産物は同じようには増加しなくなります。

資本についても同様です。労働などの生産要素を固定していれば、原材料や機械設備を増やしても、生産物の総量は増加しますが、追加的な増加部分は徐々に減っていきます。資本の限界生産物とその追加の価値が逓減していきます。

追加する生産要素の価値を比較して、資本（投資）と労働力（雇用）の機会選択論になります。人間の労働力と機械を比較するのですが、この選択には人間の意思は介入しません。異なる生産要素の代替関係を比較するだけです。労働者と資本家に分配される賃金と利子は、生産要素の市場価格として参入と退出の終焉した静学的な均衡理論となります。

しかし、新古典派経済学の資本理論は、こうした静学的分析だけではありません。オーストリア学派の影響を受けたベーム＝バヴェルク（Eugen von Böhm-Bawerk）の資本・利子論は、時間に着目しています。現在の消費と将来の消費を天秤にかける尺度として利子を位置づけ、投資をするか否かを決めます。資本と労働の代替的な機会選択ではなく、道具を作るという迂回生産による収益性を選択基準と見なし、資本を形成（投資）するか否かを個人の時間選好で説明することになります。時間のかかる生産活動が利子あるいは利潤の源泉であると考えています。

鉛筆の生産過程で説明したように、回り道を選択することで、その報酬である利子や利潤を稼得できるのですが、多くの迂回路が建設され、誰もがこれを選択するようになると、生産時間の短縮により利子率や投資利益率が低下するという逆転の発想となります。

ロビンソンは、消費財である小魚を生存基金として、資本財である網を生産しました。しかし、生存基金の役割は、こうした有形資本を増やすだけではありません。道具を生産する過程と道具を使いこなす過程の両方で、新たな知識や技術が蓄積します。人間の関与は、形のない無形資本を形成するのです。

農家の後継ぎになるため、農業技術を専門とする大学への進学を決めたとします。大学進学は、在学中の所得を諦めることになりますが、農業に関する知識や技術を習得することで、卒業後の農業所得の増加が期待できるでしょう。大学進学をせずに、直ぐに農家を継ぐ近道と、大学という回り道の選択です。これは個人的な時間選好の問題です。

卒業後に農業に従事した後も、トラクターを購入するか否かの選択機会があります。同一の農業収入を前提とすれば、労働と機械の選択は費用最小化による利潤最大化です。しかし、農業経営者は、労働力と資本を二者択一とは考えていません。トラクターの購入は、労働力との結合による収入の増加を期待しています。それは、労働と資本を組み合わせた投資計画であり、農家の人々が描く将来の主観的な効用に依拠しています。

静学的均衡分析では、資本と労働は、別々の独立した変数と仮定しますが、両者は相互に関係しています。道具の使い方は、人によって異なります。コンピュータのプログラマーが会計ソフトを使いコネせるとは限りません。ピアノの価値は、弾く人によって異なります。人間は時間をかけて生産技術を向上させることができます。農地の耕し方やトラクターも、その習熟度に応じて価値を変えます。労働力は、道具との代替関係のみならず、相互に補完する関係にあるのです。人間が創意工夫をすることで道具も進化します。

知識や技術は、生産現場や生活の中だけでなく、学校教育や研究機関などでも培われます。こうした知識や技術は、人との情報交換を介して蓄積していくのです。人が集い、語り合い、生きるという活動は、様々な変数が相互に関係しながら展開しているということです。市場と組織内分業は、こうした知識の蓄積を比較しなければなりません。

生産活動を営む時の機会選択は、その結果が所得を増加させるか否かであり、時間軸で考えています。現在の投資活動が将来の収入になるという商人的意思決定は、目標をもった人間が成長発展するドラマと捉えても良いでしょう。

J・R・ヒックス（John Richard Hicks）(1) は、1973年に『資本と時間』（*Capital and Time*）を発表しています。この資本の捉え方は、オーストリア学派の資本概念であり、ヒックス曰く、商人的（経営的と読み代えられる）な資本概念です。それは、貸借対照表で把握されるような資産、負債、純資産というストック概念と、純資産の増減を評価する損益計算書で認識される収益と費用といった会計上の概念に通じます。

企業業績を評価する際の古典的な財務諸表分析も、資本の回転運動や売上利益率を1年という時間を基準にして考察してきました。(2) 資本の収益性は、労働力との代替関係ではなく、すべての生産要素の結合方法を変化させながら、投資機会を選択する商人の視点です。

商人的な視点は、道具を単独で評価することはありません。網に投資をするときには、労働力との結合を意識します。代替関係ではありません。網を使いこなせるか否かで、網も労働も、その価値を変えます。魚船を建造しようと考えるときには、網と船と労働力の結合を考えます。様々な有形資本のみならず、無形資本と労働力の関係を分析した上で、網や漁船への投資を決定し、漁業を営む企業の価値を評価することになります。

新古典派経済学の均衡理論は、最適資源配分の視点で、資本と労働の代替関係を論じました。そのため、人間と資本が結合する生産時間の側面を見落としてしまったのです。生産に時間がかかれば、ある時点では有形・無形の資本がストックとして把握されます。その資本は、消費に費やされた生存基金であり、生産活動中の人間の生活を支えると同時に、取り返すことができない埋没費用となります。

生存基金と財務諸表の関係

商人が元手とした貨幣資本は、企業を運営するために支出され、一定期間後に収入として回収されます。支出から回収までの生産時間が長期化すれば、多くの生存基金が必要となり、生産活動中に多種多様な資本を保持することになります。その具体的内容は、貸借対照表の借方の資産勘定に記載され、貸方には、負債と純資産が記載されます。その総額は、過去に供給された貯蓄総額であり、その額が大きければ、それだけ多くの生存基金が供給されたことを示します。

調理人が料理包丁を購入して、これを帳簿に記帳すると、包丁は企業の資産となり、経済学上の資本となります。冷蔵庫や保冷している食材も資本です。しかし、メニューを工夫して悩む時間、味付けに迷い試行錯誤する時間、食材を準備する時間、そして調理をはじめ、料理を提供し、お客さんが支払うまでのすべての時間に生存基金が必要となります。支出と収入に時間差がある以上、人々の生活を維持する生存基金としての資本が必要なのです。

生産活動は、貨幣資本–生産資本–商品資本という資本の回転運動です。現金が生産活動に投下されるときに貨幣資本となり、様々な生産要素の購入で生産資本になり、商品の完成で商品資本となります。そして、この商品資本が販売され、再び現金に還流します。回収された現金の一部は配当などによって、家計消費に使用され、残りが再生産のために内部留保されます。資本概念にとって重要なことは、投下した現金が再び現金として回収されるまでの期間であり、期間中の生産活動を支える生存基金です。

しかし、回収期間は、投資対象によって異なります。機械設備や機器備品などの生産手段は、回収期間が長いため、固定資産として分類されます。原材料や商品、売掛債権などは、回収期間が短いため、流動資産に分類されます。従業員に支払う賃金や給与も、労働力の成果が売上収入を実現するまでは資本です。広告費や水道光熱費でさえ、将来の売上収入に繋がるまでは資本です。(3) しかし、支出した現金が、売上に貢献したか否かの判別は困難です。理論的な問題を認識しつつも、客観的な測定尺度を作らねば、実務的には継続企業の損益を把握できません。

調理人は、食材をストックし、包丁や鍋などの調理器具と厨房機器や冷蔵庫などの資本財を用いて料理を作り、顧客に提供して貨幣資本を回収します。ストックされた食材は数日で顧客に提供されます。包丁は、日々の調理に用いられ、包丁砥ぎで磨かれ、数年間にわたり使用されます。厨房機器は、10年以上にわたり使用されるでしょう。すべての資本財は売上に貢献しますが、貢献の程度を正確に把握することはできません。つまり、道具の投資収益率は、すべて異なるのです。

経営者は、調理人の能力と道具の組み合わせを考えながら、飲食事業を展開しています。テーラーの科学的管理法のように、各工程を科学的に分析すれば、最適な労働と資本の組み合わせが発見できるでしょう。食材の加工は、調理場における最適な分業構造を作り上げ、綿密に計算された食材加工機への投資を検討するかもしれません。

分業社会では、一丁の包丁を購入するか否かの判断でも、調理人の企業価値が変化します。食堂は、食材の購入やたまねぎの皮むき、レジ係などが結合して、料理を提供します。これらの仕事を独立した企業と見なせば、それぞれに投資決定があるわけです。

企業の経営者は、事業の中身を分類し、これを評価することで組織内資源を配分します。分業の中身を細分化すれば、表現できないほど多くの機能に分化できます。細分化に応じて、細かなプロジェクトの評価となります。経営者は、重要と思える機能に分類し、主観的な価値評価に基づいて、組織内の資源配分をすることになります。

どのようなプロジェクトも、顕微鏡のような視点で覗き込めば、分業構造を持っています。すべてのビジネスは、市場経済の中で、専門に特化し、分業の一端を担っており、さらに企業組織の単位でも、多数の異なるプロジェクトの結合体となっています。回収期間も回収額も、そしてリスクも異なる無数のプロジェクトを総合して評価したものが、企業価値となるのです。

各機能を強化するか否かは、組織内資源配分です。経営者は、財務諸表分析などにより資源配分を試みます。それは市場との競争です。

[注]

（1）１９７２年にノーベル経済学賞を受賞した英国の経済学者です。彼は、１９３９年に『価値と資本』（*Value and Capital*）を発表し、新古典派的な市場均衡理論のなかで資本を位置づけました。しかし、１９６５年の『資本と成長』（*Capital and Growth*）では均衡理論とは異なる成長概念を論じ、１９６９年には『経済史の理論』（*A Theory of Economic History*）を発表するなど、均衡理論とは距離を置いた研究をしています。社会における人間の歴史的な時間にも興味を抱いていたようです。ノーベル賞受賞後に刊行した『資本と時間』では、労働と代替的な資本概念とは異なるオーストリア学派の資本について論じます。ヒックスの研究は、彼の研究生活の経過とともに時間との関心が増しているようです。

（2）資本の回転運動と売上利益率の両者を考慮することで、資本の収益性が測定できます。総資産利益率（ROA）は、総資産回転率（売上／総資産）と売上高営業利益率（営業利益・売上高）の積です。一般的に総資産回転率が高い事業は、少ない資本で参入できる労働集約型の事業が多く、参入が容易なため厳しい競争に晒されます。その結果、売上高営業利益率は低くなります。反対に、総資産回転率が低い事業は資本集約型の大規模事業であり、資本の回収期間が長期化することで、参入する企業が限られます。その結果、競争は制限され、売上高営業利益率は高くなります。企業の経営者は、資本の集約度に関わらず、両方を高めたいと考えています。

（3）ここでは、財務諸表上の資産だけでなく、収入に先立つ支出は、すべて投資と考えます。

第8章　商人が考える時間

―生産時間の差異と資本の参入・退出―

生産性向上と職人技の消滅

人間の生産活動や消費活動を具体的に考えながら、改めて、資本や労働の意味を考えたいと思います。株価が企業の所有者である株主の財産価値を表すのであれば、時々刻々と変化する株価の動きに注目しなければなりません。時間の経過は、生産にかかる時間の尺度を変化させます。私が1時間で生産できる商品は、他者の生産者の時間と競争しています。さらに、他の商品生産にかかる1時間とも比較されています。時間を投入する機会費用です。内外環境の変化は、その時間情報を資本の価値に反映させているのです。

しかし、生産時間については、資本よりも労働に注目されてきました。アダム・スミスやデヴィッド・リカード（David Ricardo）、そしてカール・マルクスは、商品の価値を決めるのは労働であるという労働価値説を展開しています。人々が働いた時間が価値の源泉であるという考えであり、これは多くの人を納得させる考えです。もちろん、生産活動に費やす時間が商品の価値を決めるわけではありません。

生産時間は短い方が望ましいはずです。同じ商品の生産であれば、生産時間が短ければ短いほど資源の浪費は少なく、効率的な生産となります。企業に投資する資本家は、できるだけ短時間の生産活動を希望しているのです。1時間に1個の生産時間を30分に短縮できれば、2倍の生産物を手に入れることができます。1個の商品を生産するための労働者の賃金は半分になるわけです。F・テーラーの科学的管理法を思い出してください。工場という組織の時間と市場の時間の競争です。各企業レベルでは、発注から納品までの時間であるリードタイムの短縮化が重要になります。それは、サプライ・チェーン・マネジメントに外なりません。

短時間労働を可能にするには、労働者の技術力を高めねばなりません。繰り返して生産する間に学習効果が働き、短時間で生産できるようになります。熟練労働者と未熟練労働者の時間価値は異なることになります。生産活動が熟練の職人に委ねられている社会では、職人の技を磨くしか所得を増やす手段はありませんでした。

職人が使う道具も、職人本人が作る社会を考えてみましょう。職人は、自ら道具を工夫して生産活動に従事します。道具の良し悪しが生産物の数量や品質に繋がるのは当然です。道具は、職人にとって極めて大切なモノであり、代替可能な生産手段ではなく、自らの生産を助ける補完的で必要不可欠な生産要素と見なされます。

道具を所有している人は資本家です。そのため、自らの道具を使って働く職人は、労働者でありながら、資本を所有する生産者です。資本家でもあり、労働者でもあるわけです。多くの職人は、自分の仕事をスケジュール管理するでしょう。怠け心を抑制し、仕事に専念するよう自らを律することもあります。現代的には経営者や管理者の仕事です。自給自足的な職人のモノ作りは、ひとりの職人があらゆる諸機能を抱え込むということです。特定の職務に特化できません。

人間には得手不得手があります。職人が職人と言われるのは、専門的な技術に特化しているからですが、特化が十分でなければ、職人技も磨けません。上手くできる仕事だけでなく、不得手な仕事も、ひとりで行わねばなりません。美しい日本刀の刀鍛冶は、その製作過程で30種類近くの道具を使うそうです。刀身を彩る匠の技があっても、道具作りに長けているとは限りません。

スミスのピン工場は、分業の利益を説明しています。その発見は分業による驚くべき生産性の向上でした。複雑な仕事も単純な作業に細分化することで、生産活動の質が変わり、機械と代替可能な生産となります。職人技は、単純な動作に分解されるのです。テーラーの科学的管理法では、最も効率的に作業する労働者をお手本としました。しかし、すべての作業に長けている人はいません。穴を掘るのが上手くても、土砂の運搬は苦手かもしれません。穴掘りを専門とする人と運搬専門の人の仕事を分けるだけでも生産性は高まります。

市場の理念型モデルでは、合理的労働者が、細分化した単純作業の中から自分に合った生産活動を探索して、これに従事しています。ショベルの所有者は、ショベルを最も効率的に使用する労働者に貸与します。しかし、実際には、非合理な生産過程はなくなりません。これを見つけ、合理的生産に転換させることができれば、利潤を享受できます。生産時間の短縮機会の発見は、資本家の参入機会になります。

機械化と組織化

それでは、生産活動を細分化すれば生産性は高まるのでしょうか。細分化は、同時に分業化を意味しています。分業は、生産過程に応じて、担当者が変わります。担当者の変更は、生産活動の場所の変更を伴います。担当者と場所の変更は、それ自身がコスト要因です。物流コストや仕事の内容を引き継ぐコストがかかるでしょう。

人間の労働は、一定のまとまりをもった一連の動作があります。いくつかの工程をひとりの労働者が担う方が合理的な場合があります。たとえば、お寿司を握るのに、お米を出す人、握る人、ワサビをつける人、ネタを切る人、これを載せる人など、別々の人が担当するとしましょう。このような作業工程の分解は、機械化の前提です。

しかし、人間が寿司を握るときは、ひとりで寿司を握る方が早いでしょう。機械と異なり、手渡す作業に無駄が発生します。分解した工程を繋ぎ合わせる取引コストがかかるのです。こうした取引コストは、市場の取引コストとは異なり、経営管理の費用と見なされます。もちろん、10人の客席と1

00人の客席の寿司屋では、分業の在り方が異なります。

各生産プロセスは、それぞれに特殊な生産技術や営業方法があり、その仕事を誰がどのように分担するかによって、最終的な生産時間の長短となりコストの高低に繋がります。理念型市場モデルが意図的に無視した活動が、経営学を生み出すことになるわけです。

J・H・ファヨールやその後の経営学の発展は、経営管理の職務内容の専門化や分業化をテーマとしています。管理内容も細分化され、マニュアル化されることで、管理労働者となります。市場と組織の選択問題は、経営管理の巧拙で決まる時間の問題です。

要領の悪い生産は、時間がかかります。作業の分担、つまり、仕事を遂行するための組織設計は、生産性にとって極めて重要です。組織設計に失敗すれば、生産物を得るまでに時間がかかり、衣食住といった消費活動を維持できなくなります。資本の効率的利用とは、できるだけ少ない資本で多くの生産物を生産することを意味します。市場の分業と企業組織の分業の優劣を比較し、市場より企業組織が勝ると思えば資本が参入し、市場が勝れば資本は企業組織を逃げ出します。

生産時間を短縮させるには、分業が必要不可欠であり、これを否定することはできません。しかし、分業だけで生産性が向上するわけではありません。細分化した分業は、人間疎外をもたらします。人間関係論などで理解できるように、人間の心理的な問題が企業組織内の分業には重要になってきます。それは、機械と人間の代替関係のみならず、機械を補完する人間同士の組織的労働という側面に関わります。ソロバンから計算機になれば、求められる労働の質が変化します。情報技術による組織階層のフラット化は、上司と部下の関係に変化をもたらします。

経済の成長や発展には、機械設備や技術進歩が大きな影響を与えています。道具を使う生産活動と使わない生産活動では、同じ財やサービスでも生産時間が異なるでしょう。資本主義経済という名称が示すように、生産手段である資本の質的改善と量的蓄積が生産性の向上には不可欠な要素となります。優れた生産設備を多く所有する企業が、有利な交換条件をもち、私有財産を増加させることができます。そのため、私的利益を追求する社会では、資本蓄積が量的にも質的にも急速に進展してきました。

合理化とは、労働を機械に代替することで、労働時間を短縮化し、コストを削減することです。しかし、この過程では、機械と労働の組み合わせも変化し、労働の質や組織に変化が生じます。私有財産を増やすには、企業組織を再設計して、機械と労働の理に適った選択が求められるのです。

技術革新と大規模な機械設備によって、熟練労働者の多くが職を失い、低賃金で働く単純労働者に代替されました。ベルトコンベアに並んだ分業は、単純な工程を次の工程に引き継ぐことで製品を完成させます。こうした生産活動を市場取引に委ねる場合、労働者の流れ作業の一つ一つを企業取引と見なし、引継ぎの度に売買取引が発生します。これには相当の取引コストがかかります。

完成した製品が店頭に並び、消費者に届くまでには、マーケティング活動や営業活動に携わる人が関与します。企業の組織化は、取引コストを勘案して、こうした人々の分業活動を円滑に行う管理活動を伴うのです。

取引コストの削減に成功すると、企業組織が抱える労働者は、熟練労働者から不熟練労働者に置き換わります。無人化した工場が誕生した時には、生産計画や販売計画の人員が増加しました。ＩＴやＡＩの発展は、管理部門の人材を単純労働化しています。しかし、人間の欲望を抑制し、管理できるでしょうか。人間の欲望は、新しい時間の使い方を考え続けるでしょう。起業家的な発想に時間を費やすことになります。

資本家が支える起業家的活動

安価な労働力が大量に投入できる環境であれば、機械の価値は低下します。多機能な人間の労働力が機械化よりも重要視されることもあります。いずれにしても、資本は、労働力と結合して効果を発揮します。特殊なノウハウが必要な高度に専門的な生産システムは、高い能力を有する労働力が必要になります。それは相対的に賃金の高い熟練職人のようなものです。

技術進歩は、機械の操作を単純化し、熟練労働者を不熟練労働者に代替します。相対的に低賃金の労働者を雇用し、短時間で多数の高品質の商品を生産できることで、資本家の所得を高めます。新規に参入する企業は、機械設備や生産システムを改善し、既存企業の価値を相対的に低下させようとします。経営者が対応しなければ、新規参入の企業が既存資本家の所得を奪うことになります。

言い方を変えましょう。熟練労働者は、最初から熟練労働者ではありません。時間をかけて、技術を身につけてきた労働者です。優れた生産設備や分業組織の設計を導入すれば、不器用なあなたでも良い製品を生産できます。労働者の技術習得の時間を短縮化することで、熟練労働者の所得を奪い、それを資本家に移転するのです。

面倒で苦手だと思うことを発見するのは起業家です。不自由な生活を見つけ、これを改善できる人が登場すると、新たな事業が生まれます。多くの人が望む仕事にもかかわらず、特殊な人に依存せざるを得ないのであれば、問題の解決に時間がかかります。多くの人が時間をかけることなく、不自由から解放できる仕組みを工夫するのは経営者です。

資本家は、こうした優れた生産手段（企業）を発見し、これに資源を振り向ける仕事です。資本家が生き残るには、時間を短縮させる技術を取り込む企業を探さねばなりません。

資本家は、特殊な能力を必要とする職人技を単純な不熟練労働に置換えることで、自らの所得を増加させるのです。それは、特殊な職人の価値を奪うことになります。職人の価値を守ろうとすると、資本家は財産を失うことになります。これが資本主義社会における市場競争なのです。

優れた機械や大規模な生産設備は生産性を向上させます。有形資本の質量が所与であれば、分業の仕組みが生産性を上昇させます。有形の生産手段と分業構造という無形資本が、生産性の向上に影響を及ぼすのです。有形資本の質量が変化すると、労働者と有形資本の結合方法が変化し、市場と組織の分業構造が変化することになります。

これは難しい問題です。分業の方法は生産方法ですが、これが生産手段の技術的な水準や規模などと表裏一体であり、その結果が仕事の仕方を変化させることになるのです。資本の形成過程は、市場と企業組織で構成された社会を変化させるのです。

組織内の取引コストが、市場の取引コストより効率的であれば、資本は企業組織に結合し、社会の成長に貢献します。経営管理が市場の取引コストより効率的な分業構造を構築したのですが、新たな効率的な組織内分業構造は、起業家的な発想により実現します。慣例化した組織内分業の方法を変更するのは簡単ではありません。効率性の高い分業構造は、他の企業組織に模倣されることになり、社会全体の生産性を一層向上させることになります。それは、生存基金を節約することでもあります。

身近な不自由を解放する機能

私たちは、自分の消費生活を予測しているわけではありません。特別なことがなければ、明日の昼食や夕食でさえ計画していません。3日後に気まぐれで洋服を購入するかもしれません。消費者は基本的に無計画です。そうした無計画な消費者のために、各企業は生産物を準備しています。明日の昼には、突然、ラーメンを食べることになるかもしれません。ラーメン屋は、あなたの突然の来店にも関わらず、麺やスープを準備しています。3日後に洋服屋に入店すると、あなた好みの洋服がありました。これも洋服屋が準備していたおかげです。

いずれも、企業はあなたの購入する商品を準備しています。事前に資金を支出し、売上によって回収するまで生存基金を拠出しているのです。迂回生産過程には多くの企業が存在していますが、それぞれがあなたの消費のために投資を行っています。あなたの消費計画が確実であれば、その準備は簡単です。あなた自身が前払いするか、事前に支払い契約をしておけば、企業は無駄な準備をすることなく、リスクを負担せずに効率的な生産が可能です。

しかし、あなたは前払いも支払い契約もしていません。このような消費リスクは、企業の売上収入のリスクとなります。企業の数が増えれば、家計の消費行動は予測できません。予測困難にもかかわらず、企業は準備をしなければなりません。このリスクに応えるのが株主です。株主が存在することで、消費者は、自分の将来を綿密に計画することなく、その日暮らしのいい加減な生活ができるのです。新商品も、株主が存在するおかげです。社会主義社会には株主がいないため、在庫は不十分ですし、新商品も登場しません。

企業を創業するとき、将来の売上の状況を把握したいと思うでしょう。投入した資金がいつ回収できるのかを考えるはずです。予定通りに目的が達成できるとはかぎりません。企業は、試行錯誤の中で、ＰＤＣＡを回し続けています。

自家製の麺に拘るラーメン屋は、麺を中心とした差別化戦略を策定しています。他社から購入せず、自社生産を選択する場合、その準備資金を賄う必要があります。株主による増資や内部留保、そして借入金などは、この投資活動を支える原資です。スープの原材料や器、箸なども自社生産が可能です。広告代理店に依頼せず、自前で作成したチラシの配布や、インターネット広告もできます。

しかし、生存基金には制約があります。自社生産と他社からの購入の最適な選択は、生存基金を最小にする生産時間の短縮化です。資本の効率的利用というわけです。それは、市場と組織の選択であり、投資の採否決定です。

金融資本市場が発展すると、投資と貯蓄は異なる個人が担うことになります。銀行や証券会社が存在する金融資本市場の成立です。生存基金は、生産活動に投入する側からは資本となりますが、生産活動に従事する労働者側から見れば消費財の購入資金です。生存基金需給者の人格的不一致は、市場活動の活性化です。消費を我慢できる人と漁網を編める人は異なるでしょう。市場は、時間の使い方が上手い人を探してくれます。市場が成長するには、金融資本市場の成立が欠かせません。資本家が資本を供給することで、起業家の活動が可能になり、経営者が組織を管理運営することになります。

私有財産の増減と株価

ここで改めて私有財産を考えてみましょう。財産とは何を意味するのでしょう。貴金属や宝石、金銭や土地・建物、それに商品などが財産と考えられます。しかし、貴金属や宝石は、奢侈品です。交換目的で所有する金や銀を別にすれば、見せびらかすための商品です。これをいくら所有していても、その社会の構成員は豊かな暮らしを享受できません。金鉱山の採掘のために労働力のすべてを費やす社会は、惨めな生活しかできません。貨幣が価値を持つのは商品と交換できるからです。

土地・建物は、所有期間にわたり、地代や家賃を受け取れます。その源泉となるのは、自然資源の採取や生産・販売活動、あるいは住居利用の需要です。建物には寿命がありますから、その財産価値は耐用年数によって決まります。しかし、地代収入や家賃収入が期待できなくなると、そこに財産価値は見出せません。過疎地の土地や建物のように、使い道を見出せなくなれば財産ではありません。財産とされる商品は、その販売や消費によって価値を持ちます。販売を待つ商品は収入の期待によって価値を持ちます。商品を保管していても、販売見込みや自らの消費意欲が失せれば、価値のないガラクタです。

財産は、将来にわたり、自らを含めた社会構成員の消費生活に貢献するモノを指しています。資本主義社会で重要なのは、社会の構成員に豊かな将来消費を期待させるモノです。それは、生産活動のために準備された資本であり、企業という概念で語られる資本です。この視点を導入すると、企業は質量のない生産主体から、生産を準備する資本の結合体になります。

企業資本を財産として捉える場合、土地や生産手段と結合する労働力も一体となって評価されます。もちろん、労働者は人間です。企業の所有者であっても、人間を所有することは許されません。所有権は、労働力を含めた生産要素の結合によって稼得される将来キャッシュフローに対して行使できます。この権利が財産として認識されるのです。

したがって、財産は、賃金や地代、生産設備に投入された購入金額ではありません。将来にわたる魚の価値が網の価値を決めるということは、網に投下した生存基金とは関係ありません。ロビンソンが生存基金を投下して網を作っても、漁獲量が増えなければ意味がありません。迂回生産という時間をかける生産活動を選択し、その結果が、生産時間の短縮に導かなければ意味がありません。しかも、単なる時間の短縮ではありません。漁獲量が増えても、効用が増えなければ価値を感じません。

他の生産活動との比較が必要になります。失われる時間を何に費やすのかという機会選択です。時間をかけても、効用のない商品に価値はありません。利子を生まなければ、生存基金の意味は失われます。

ロビンソンは限界費用を上回る限界収入を期待していました。網の生産に投下した生存基金以上の価値があると信じて、網を作成したのです。網は、期待通りの魚を捕獲できる時、投資の機会費用である資本コストを回収できます。少なくとも、網への投資を決定した時点で、網の投資価値は生存基金で賄われた投資額以上のリターンが期待されています。

しかし、網が完成して、漁を始め、魚を食すまで、網の価値を確信できません。生産活動が始まると、生存基金と資本財の価値は乖離することになります。期待と実現した成果の乖離は、利潤と損失を増幅させることになります。それは、財務諸表上の純資産価額と株式時価総額の差と考えても良いでしょう(1)。

資本家の私有財産が、このような稼ぐ力によって評価されるなら、財産概念は物的な生産手段という意味ではなくなります。生産活動を営むために結合した人間の意思決定とその評価の結晶となります。人間が作り出す社会によって、財産の価値は変容するのです。魚を食べなくなれば、ロビンソンの所有する網は無価値になります。新たな食生活が、新たな資本に価値を与えるのです。

資本は利子を生むから資本であり、利子を生まないモノは資本ではありません。売上収入の中に利子が含まれないのであれば、資本に価値はないのです。それゆえ、利子に該当する将来キャッシュフローを現在価値に還元することで、財産としての資本が評価されるのです。

企業が株式会社であれば、企業資本の価値は株式の時価総額と負債の時価総額の合計です。それは、将来の配当という株主への自己資本利子と支払利息という他人資本利子の現在価値となります。株式会社は、生産をするための道具として捉えられます。その価値（株式価格と負債の市場価格）は、将来キャッシュフローを現在の価値に割り戻したものとなります。

新古典派の市場モデルは、財産概念の明示的説明はありませんでした。取引が1回毎に完結するような生産活動を考えると、生産要素は生産活動のたびに結合して、生産が終了すると消費されてしまいます。そのため、ストックのないフロー概念で捉えることができます。

しかし、将来にわたる継続的な生産活動を考えると、財産概念が必要になります。将来キャッシュフローを稼ぐ財産は、機会選択の意思決定に繋がります。その意思決定は時間の経過に伴うＰＤＣＡを必要とし、利潤や損失をもたらすことになります。財産は生産に必要な時間の概念なしには意味を持たず、財産概念が利潤と損失という概念に繋がります。[2]

社会貢献の証

誰もが分業に基づく生産活動に従事し、自分の生産したモノを他人に提供しています。自分のモノと他人のモノを区別できるというのは、歴史的に普遍性をもつものではありません。時間をかけて生産した私有財産を認識し、自分の時間と他人の時間を交換するという経済が、資本主義社会に固有の特徴になりました。

社会主義経済は、計画者による標準化した時間配分が行われますが、資本主義経済は、市場の交換過程で徐々に標準化した時間が成立します。各自の費やす生産時間で、他人の生産時間を購入して生活します。所得を稼ぐには、他人のために時間を費やすことになります。他人が何を欲するのかを発見して、これを生産しなければ自分の生活費を稼げないのです。市場は利潤を巡る競争ですが、利潤を得るには他人に役立つ時間の使い方が求められるのです。しかも、市場が拡大することで、同じ質・量の生産活動は、社会的に共通の時間として評価されます。ロビンソンの意思決定とは異なり、他人の効用を考えて投資計画を策定することになります。

需要の発見と供給の開始は、自己責任です。不要なモノを生産すれば、希少資源を浪費した罪を負うことになります。原材料や生産設備、そして生産に携わる労働者の時間が失われます。原材料は、自然資源から採取した労働の結果です。使用した生産設備もその完成までに労働力が投入されています。つまり、不必要な生産は、人間が費消した過去と現在の時間を無駄にするのです。そのペナルティは損失と表現され、私有財産を減少させます。同じような過ちが予想される場合、将来のキャッシュフローは期待できません。そのため、生産のための資源は集まらず、生産活動の準備ができなくなります。

期待が思い通りになることは稀有です。期待以上の結果を実現することもあれば、不本意な結果となることもあります。企業家の私有財産は、期待した結果を巡って増減し、豊かな暮らしを享受できることもあれば、不幸にして財産を失うこともあるのです。利潤は、過去に犠牲にした時間が社会に貢献できた証です。ＰＤＣＡは、期待と結果のギャップを埋める経営者の仕事です。

私的利益の消滅が社会貢献

孤島における生活と異なり、資本主義社会は、分業に基づく私有財産の交換を制度化しました。私有財産の交換は、貨幣を媒介とすることで売買となります。売買に際しては、私有財産を維持するという強い使命感と責任を持たねばなりません。安易な売買は財産を失います。自ら費やす時間（コスト）を最小化し、他者の時間（リターン）を最大化することで私有財産を維持します。貴重な小魚を犠牲にしないというロビンソンの合理的意思決定が、利潤最大化という生産目的です。それは、派生的需要である道具の価値最大化に結び付きます。

しかし、完全競争市場という条件が整えば、売買の結果に損得は生じません。売手も買手も、各自の犠牲を最小化し、報酬を最大化しようとします。自給自足的なロビンソンの意思決定と同じような取引が成立すると「見えざる手」が機能します。どちらか一方が得（損）をするような取引は継続しません。追加する小魚1尾の価値と果実1個の価値が等しくなり、漁師と果実農園の双方の利潤や損失が消滅します。生産活動の時間差が消滅し、投資収益率は均等化します。もちろん、網と梯子の投資価値も等しくなります。

完全競争市場は、コストとリターンが一致するまで取引を継続するため、利潤ゼロの世界が想定されるのです。満足いくまで交換取引が行われる競争の終焉した世界です。各自は、自己の限界利益がゼロになるまで交換相手を探し、追加の利潤が消滅する状態で利潤最大化が実現されます[3]。取引コストのかかる参入と退出ですが、取引が終焉した静学的均衡状態は、過去のコストを取り上げません。「見えざる手」が働いた市場です。

コストとリターンの一致まで投資するわけですから、時間選好である利子率とリスクを反映した資本コストは、投資家の必要最低限の所得となります。生産時間の交換です。社会構成員のすべてが、生産時間をめぐる利潤最大化のための限界的活動をすることで社会全体の財産価値が最大化するのです。

もちろん、現実の世界では利潤ゼロの状態にありません。利潤を期待して時間の隙間に資源が参入し、損失を回避するために無駄な時間から資源を退出させるプロセスにあります。参入と退出による資源の移動が社会を変化させ、成長や発展を促します。この変化のプロセスでは、私有財産の増減が観察されます。つまり、財産の処分権を行使する市場取引は、所有者に結果責任を負わせるのです。

企業の利潤最大化という生産目的は、社会全体の将来消費を準備する目的です。投資家は、私有財産を高める生産活動に生存基金を供給し、商品完成までの時間を待つのです。投資家のこの判断が、資源配分を決めることになります。

［注］

（1）PBR≦1との関連もありますが、株主資本利益率（ROE）と株主資本コストを比較する分析（エクイティ・

スプレッド）は、この問題を等閑視しています。財務諸表上の純資産と期間損益計算の純利益で計算するＲＯＥは、株主の機会費用とは、直接比較できません（亀川２０１１、２０１７―ａ、２０１９―ｂ）。

（２）私有財産の交換価値は、ＣＡＰＭのような資本資産価格モデルで説明されます。しかし、ＣＡＰＭは、静学的均衡理論であるため、参入と退出過程の時間概念が捨象されています。財産評価でありながら、利潤・損失の消滅した世界を表現しているのです。

（３）この利潤は、事前と事後の乖離に基づく期待値と実現値の乖離ではありません。参入する際に期待される収入と費用の差額です。期待通りの参入後には収入と費用は一致します。

第9章　ビデオの映像を止めると？

―静学的分析と動学的分析―

人間が感じる時間と実験室

人間のモデル化と同じく、社会を認識する方法の難しさは、時間の捉え方です。時間は、ある事象が生じた時点やその変化を考慮する概念です。物理学にはニュートン力学における絶対的時間やアインシュタインの相対的時間概念があります。動物学者の本川達雄氏は、『ゾウの時間ネズミの時間』（中公新書、1992年）で大きな動物と小さな動物の時間の違いを説明しました。人間が認識する時間も、それぞれに異なるでしょう。

幼い子供と老人の1年は、その速さが異なると思います。忙しい都市部と農村の生活時間も異なるでしょう。古代や中世の時代の人々の平均寿命は、今より短く、人々の一生は現代の1／3や1／2程度でした。寿命に応じて時間を感じるのであれば、古代人の1日は私たちの1日より長かったのかもしれません。

こうした感覚は比較が困難ですから、客観的には説明できません。しかし、感覚的な時間が存在するであれば、産業構造や職種に応じて異なる時間の概念ができそうです。鉄道や電力事業と飲食やアパレル事業の時間は異なるでしょう。急激に成長発展する産業と変化のない産業では、そこで働く人々の時間的感覚は違うと思います。もちろん、これを客観的に認識することはできません。

それぞれの人には、固有のドラマがあり、時間の流れに沿って展開されます。時間の流れは、自然科学でも定義次第ですが、人々の時間は、それぞれに固有の特徴を持つため、観察を難しくします。人は、知識や技術を獲得することで成長し発展します。環境の変化で嗜好や価値観が変わります。個々人の価値観が変化すると社会の秩序が変わり、それが法律などに反映されると社会の仕組みや制度が変化します。観察対象の人間自身が成長・発展すると同時に実験室となるはずの環境も、時間とともに変化するわけです。

神の「見えざる手」は、どのように仕事を割り当てるのでしょう。仕事に就いた人々は、簡単には後戻りできません。時間は、不可逆的です。そのため、市場モデルを検証しようとしても、検証する対象も環境も変化してしまいます。自然科学でも厳密に定義された実験室を作るのは難しいのですが、社会科学では、繰り返し検証できる厳密な実験室が作れません。

静止画と動画

ドラマや仕事の内容は、１枚のポンチ絵のように描くことができます。世評を風刺することもできます。人々の活動を凝縮し、始めから終わりまでの物語を１枚の絵で描写するわけです。ポンチ絵が上手に書けない場合には、何枚も書き足して説明することになるでしょう。写真家は、１枚の写真の中で、多くの背景と時間の流れを語ります。

静止した人物写真であれば、背景に気を遣い、人物がボケないように焦点を当てて撮影します。誕生写真から始まり、小学校の運動会や遠足、中学校や高等学校の友人との写真など、それぞれの時代に物語があり、歴史を積み重ねた写真となります。野球やサッカーの写真は、前後の動きや試合の状況、対戦相手の動きなどを１枚の写真で描写します。その瞬間の関係性が想像されるのです。動きを止めるということは、意識的にある時代や周囲との関係性に注目することです。

静止画像は、ポンチ絵のような概略図の作成です。私たちは、何もかもが動いている世界にいます。静止画像の撮影は、被写体と背景を区別し、被写体に焦点を当てて、クローズアップします。主役だけでは物語になりません。主役を説明するために脇役や端役が存在します。背景がなければ写真の意味は伝わりません。舞台装置のない演技となります。静止画の抽出は、動きの中から関係性を描写する難しい作業です。不必要な背景を捨象し、重要な被写体を抽象化する作業です。

時間の流れを描写する動画は、物語の前提条件である背景と演者をともに変化させます。時間の感覚は物語によって異なります。１年の物語もあれば、人の一生を描く物語もあります。学生時代の一コマを描く物語から、誕生・成長・発展・成熟・盛衰と云うようなドラマもあります。精神的変化や肉体的変化に応じて、舞台装置が変わり、演技の意味が変わります。

主役が一人でも、家族や親子関係の物語と大河ドラマでは、背景や演者が異なります。ある事象を深く探索する理論と広範な関係性を俯瞰するような理論では、説明変数の数が異なるのです。長編の物語では、多種多様な説明変数が加わります。

静止画と動画の分析は、静学（Statics）と動学（Dynamics）という概念により考察されます。動学は、静学を位置づけることから始まります。新古典派経済学の市場理論は、不特定多数の自立した個人が所与の環境を背景に、取引を終えた均衡の瞬間を撮影しました。均衡に至る動きは、1枚のポンチ絵に凝縮して説明されます。こうした均衡市場の描写が静学と位置づけられます。

このポンチ絵で説明できないとき、動学という概念が使われます。ポンチ絵を増やし、静止画を連続的に撮影すると動画となります。脇役や端役、そして背景まで、多数の静止画を集めます。主役のみに動きを与えているのではありません。様々な条件を所与とし、制限された変数の関係を論じる静学的分析視点に、現実的で多様な具体的内容を加えていくと、時間の経過を伴う人間の意思や動きが感じられます。そうした説明変数は論者によって多様です。脇役や端役を増やすこともあれば、背景となる環境を変化させることもあります。時間を加えることで、観客に多様な解釈と評価の視点を与えますが、それは焦点を曖昧にさせる可能性があります。

静学が狭い特殊な問題に限定されるのに対して、動学は広範な一般理論という捉え方も主張されます[1]。しかし、すべての変数を考慮する理論は、森羅万象を理解し、万物の理に委ねることに繋がりますが、それは神の領域であり、何も説明しないのと同じです。

私たちにできることは限られています。特定の事象や事柄を抽出するために、不必要な事象や事柄を捨象して、物事の道理を理解します。理論構築とは、限られた範囲の知識を紡ぐことで構築されるのです。結局のところ、理論的な考察をしようとすれば、常に静学的な方法を取り入れることになります。

需要と供給の均衡価格

静学的分析の出発点は、需要曲線と供給曲線の交点で決まる均衡価格です。このモデルは、個人の合理的選択行動を前提として消費財や資本財の価格を説明します。需要は買手の主観的な選択行動であり、供給は売手の主観的な選択的行為とされます。

ロビンソンの自給自足経済では、個人の合理的選択は、彼の頭の中に描かれる需要曲線と供給曲線により成立します。買手と売手は同一の個人です。欲しいモノを考えるとき、そのモノの有用性や満足感など（効用）を最大化しようとします。しかし、欲しいモノを手に入れるには努力や犠牲（コスト）が必要になります。効用と犠牲を比較考量した上で、釣り合いの取れた最適な意思決定をするのです。

機会費用で説明される意思決定は、犠牲を伴わずに得られる自由財を問題としません。経済学が認識対象とするのは、希少資源を犠牲にする経済財の生産活動であり、リターンとコストを秤にかける需要と供給という交換の概念です。

需要曲線と供給曲線は、均衡価格を説明するための理論的な道具です。説明変数が価格で、需要量と供給量は被説明変数です。説明変数が価格というのは重要な意味を持ちます。価格は、交換対象となるすべての選択機会の基準となります。機会選択の基準となるのは貨幣です。価格は、貨幣という代表的商品と比較することで、他の商品との交換比率（機会選択の尺度）となります。

需要曲線と供給曲線は、一般的な数学のグラフとは異なり、縦軸（y軸）は説明変数（従属変数）となる価格、横軸（x軸）が被説明変数（独立変数）の需要量や供給量となります。説明変数である価格が高く（低く）なると、需要量が減少（増加）します。その結果、縦軸の価格が高いと横軸の需要量は少なく、価格が低下するにしたがって需要量が増加する右下がり需要曲線が描かれます。

モノの需要は買手の所得制約のなかで考えます。価格が高くなれば、安い価格のモノに代えようとします。つまり、他の選択機会との相対的な魅力が低下します。これは代替効果と呼ばれます。しかし、それだけではありません。価格が高くなれば、欲しくても買えなくなります。実質的な所得が減少したことになるのです。これを所得効果と言います。価格の低下は、代替効果も所得効果も反対に作用します。

モノの供給は、売手の生産能力の制約で説明します。企業は、あるモノの価格が高くなると、安い価格の生産を減らし、高い価格の生産物を増やして儲けようとします。低価格では採算が取れなかった企業も供給を開始します。こうした生産活動を反映して、価格の上昇は、右上がりの供給曲線となります。

均衡価格は、右下がりの需要曲線と右上がりの供給曲線の交点で釣り合う価格です。均衡価格より高い価格では、買手は少なく、売手が多いので売れ残りが生じます。均衡価格より低い価格は、売手が少なく、買手が多いので、品不足による順番待ちの行列が出来てしまいます。

需給が釣り合わないとき、価格変化が起こります。価格による調整過程は、売れ残りの在庫を処分し、待ち行列を減らしていきます。売れ残りも品不足もない釣り合いの取れた価格が均衡価格です。需要と供給が価格を決め、価格が需要量と供給量を決めるのです。均衡価格に至るまでは時間がかかりますが、合理的経済人による意思決定を前提とすれば、市場価格は均衡価格であり、その調整過程を考慮する必要はありません。静学的分析では、１回限りの需給均衡だけを扱い、調整に要する連続的取引は考慮外となります。悩める経営者の意思決定は排除されるのです。

実証不可能な静学的分析

商品の売買は、代表的商品である貨幣との相対的関係で捉えられます。買手も売手も、貨幣を基準にして機会選択を行います。買手は、貨幣で購入できる他の機会を諦めることになります。売手は、他の販売機会を諦めて、買手に商品を譲渡します。企業（生産者）と家計（消費者）の均衡価格は、様々な産業間あるいは企業間の取引が終わり、最後に完成した商品が小売店を通じて家計に販売される価格です。

均衡価格が成立するまでの時間は、売手と買手の調整時間です。価格以外のすべての説明変数が固定され、それらの活動は時間を止められています。価格が動き、売手と買手は各自の機会を合理的に選択して、時間をかけずに需要と供給を決定します。瞬間的取引を仮定するのは、最適資源配分の静止状態を示すことに目的があり、その探索活動は意図的に無視されます。

それは、多数の原子論的単位の経済人が、完全な情報を有して、自由に機会選択を行える完全競争市場のポンチ絵です。各経済主体の機会選択行動に間違いはなく、最適な意思決定をした均衡価格の状態のみが示されます。売手と買手の合理的行動に焦点を当て、起業家的活動を含めて、すべての調整活動が終焉した市場を描写しているのです。刑事ドラマであれば、犯人を特定できるすべての証拠が完璧に揃い、逮捕された状態です。

理論の性格上、選択的活動を実証することはできませんし、実証する必要もありません。静学的な市場モデルは、現実には存在しない最適資源配分の状態を示す規範的な理念型モデルです。希少資源の最適配分という目的を設定すると、この目的達成の最適手段が選択されます。選択された手段を遂行するために、さらにその手段を目的に達成するための手段が選択されるという、目的と手段の連鎖が階層化されます。合理的経済人には、この階層化された意思決定が機能する条件が備えられており、頭の中で意思決定を積み上げるのです。

このような一般的な前提を設けて、そこから結論を導き出す演繹的推論は、論理的に言葉を積み上げさえすれば、その前提から結果を導きます。前提が正しければ結果は正しいのですから、数学的な証明のようなものです。しかし、理念型モデルの前提は、現実ではありません。前提が現実でなければ、機会選択の因果関係を辿ったとしても、現実の市場価格を描写しないのは当然です。

実際の価格は、想定した条件以外の変化を伴います。その調整活動の途上にある価格は、理論が想定する均衡価格ではありません。現実のデータから導かれる結果は、常に過去の一瞬のデータであり、ある時点の調整過程を描写するものでしかありません。具体的な市場価格を観察して、そこから一般的な理論を帰納しても、静学的な均衡理論にはならないのです。実際の価格からは、均衡価格を証明できません。

実験室の変更と追加

現実の価格が均衡価格であるとすれば、私たちは動きのない世界で生きていることになります。過去も未来もありません。厳しい仮定の上に積み重ねられる演繹的モデルが、実際の価格を説明できないのは当然ですが、将来価格を予測するモデルにもなりません。

それでは、均衡価格に意味はあるのでしょうか。現在の価格は、現在の需要曲線と供給曲線により決まり、需要曲線と供給曲線は環境との相互関係で決まります。将来の価格は、将来時点の環境との相互作用で決まるのです。環境が変化すれば、一定の値としていたパラメータが変化します。個々人は、環境変化に応じた自分自身の嗜好や行動の変化を予測できないでしょう。静学的な均衡理論に動学的な分析を導入しなければなりません。しかし、それでも現在の価格が均衡価格でないのであれば、均衡価格に様々な変数を加えても将来価格の予測にはなりません。

現実に観察される事象から推論してみましょう。個々の観察された特殊な事象から一般的なモデルを構築する帰納法的な理論構築です。それは、観察結果が繰り返されることで、一般的理論を導こうとする方法です。「熊は鮭を獲るのが上手い」という仮説は、こうした状況を何度も観察することで検証されますが、「鮭の獲れない熊」を発見すると、仮説は否定されます。

経済学や経営学の理論は、演繹的な均衡理論を基礎に置きつつ、帰納法による仮説検証型の理論を構築しています。「夏にアイスクリームが売れる」という事実を見つけ、「気温が高いとアイスクリームが売れる」という仮説を設定し、この事実関係が繰り返されることで、仮説は検証されることになります。

それでは、アイスクリームの均衡価格は、気温から帰納される仮説とどのように関係するのでしょうか。そもそも、価格とアイスクリームの需給関係は、経験的事実を無視しているわけではありません。帰納法的な推論により、価格と需給の仮説を設けています。しかし、経験的事実だけでは、「鮭の獲れない熊」のような事態に遭遇した途端に、否定されてしまいます。

アイスクリームの売上は、価格や気温だけでは説明できません。湿度や風雨などの天候要因もあれば、氷菓子や冷たいジュースなどの売上、人々の嗜好などにも影響されます。価格の上昇は、アイスクリームの需要を減少させますが、気温が上がると需要が増加するかもしれません。価格の上昇と気温の両方を考慮した演繹的推論が必要になります。

売上に関する予想は、観察できる説明変数を増やすことで精度を高めることができますが、帰納法的な推論のみでは因果関係を説明する仮説構築は難しいでしょう。冬に売れるアイスクリームは、広告戦略の成果かもしれません。気温とアイスクリームの売上の関係は、事実の観察だけでは導けないのです。ある特定の変数関係をモデル化したとしても、影響を与える他の変数を考慮しなければ、観察結果は異なるものになります。説明変数を増やすことでアイスクリームの売上精度は高まります。しかし、いたずらに変数を増やすだけでは、売上を説明する仮説とはなりません。

そこで、価格による資源配分の仕組みを説明するときには、価格と需給の関係だけに焦点を絞り込み、この仮説に合致するための実験室（条件）を作りました。アイスクリームの売上と気温の関係は、需要量と価格に焦点を当てる実験室では発見できません。気温の高い実験室と気温の低い実験室は、異なる需要曲線の測定結果となるのです。条件変更は、実験室の変更であり、需給曲線のシフトです。アイスクリームの需要に及ぼす要因は多様です。価格や気温のみならず、広告宣伝や店舗数、味や分量、競争関係にある商品需要などによって変化します。この変化は、アイスクリームの需要曲線をシフトさせます。実際の価格の動きは、需要曲線と供給曲線の両方がシフトする中で決まります。

それぞれの曲線が常に変化するため、需給の調整活動は終わりません。これは動学的考察でもあります。

演繹的に構築された理念型市場は、条件の設定により、隔離された実験室の考察となりますが、変数を増やすことで、実験室を変更することができます。摩擦のない最適資源配分を実現できる実験室は、規制や独占禁止法など、諸種の経済政策のメルクマールになります。現実の市場ではありませんが、経済活動を説明し、あるべき方向を示唆するための道具になるわけです。

しかしながら、実際の市場価格と均衡価格を同一視するという誤謬は、常に生じます。仮説検証の過程が、現実のデータの検証に拠るためですが、現実の市場取引は、理念型市場における均衡価格を実現するものではありません。何よりも、人間の意思決定と行動は、実験室の中で行うものではありません。時間の経過は、条件の変更を伴います。人間は、様々な環境変化の中で試行錯誤的に意思決定しなければなりません。時間の介入は、経営学的な思考を必要とするのです。

経営者の予想モデル

売上精度を高めるためのモデルは、合理的経済人を仮定するものではありません。現実の人間行動の結果を反映する変数を加えていけばよいのです。ある結果を帰納的に推論するのであれば、因果関係に関係なく、モデルの変数を増やすことで精度は高まります。現在の価格 P_0 は、aX_1、bX_2、cX_3……という変数によって説明できるとします。天気予報のように、結果の予想が重要であるときには、多くの変数を織り込んだモデルを構築することになるでしょう。過去のデータから現在の価格を説明するモデルを構築できます。変数とデータの増加は、仮説の精度を高めることになります。

しかし、それは現在の価格を説明する精度であり、将来の価格予想ではありません。変数を増やすことで、現在の価格を過去の諸要因によって説明しているのです。過去の意思決定や行動のデータにより、変数間の関係を確認し、ある特定の因果関係を導こうとします。実験室に変化がなければ、過去のデータを用いたシミュレーションが、将来予測に使えます。それは自然科学的なモデルです。

自然科学のモデルは、基本的には原因と結果が何度も繰り返し観察される理論を構築します。実験室を作ることで、雑多な摩擦的要因を排除し、問題を絞り込むことができます。特定の原因とその結果は、モデル式となりますが、現実に適応する段階では、摩擦的な要因がモデルの予測を狂わせることになります。雑菌が入ったり、空気抵抗が生じたり、温度や湿度など、理論モデルの想定とは異なる結果に導くことが多いでしょう。

そうした場合には、摩擦的な要因を変数に加えていかねばなりません。摩擦的要因が加わっても、観察対象の本質は変化しないという前提で、実践的な応用問題を解くことになります。変数の数が増えるほど予測精度は高まるでしょう。天気予報のシミュレーションは、天気に影響を与えた過去の様々な情報が変数となります[2]。

しかし、自然科学と異なり、人間の個性は実験室を固定できません。限定合理的な経営者は、すべての諸要因の変化を予測できません。消費者心理やライバル企業の製品や価格戦略が変化するとき、自社の価格と気温だけを考慮しても意味がありません。理論は需要や売上を予想するモデルではなく、経営者の意思決定を助ける道具なのです。

帰納法的な観察結果は、頭の中で想定する演繹的な因果関係と結合したときに意味を持ちます。経営者は他社の動向や消費者心理、その他の諸要因を考慮して、自社の価格や数量、品質の調整、販売店舗や広告費を決定します。経営者がコントロールできない外部の諸要因は常に変化しますから、現在の意思決定は過去のデータからは導くことができません。現在の意思決定は現在入手できる情報に基づくのです。

外生的な諸要因を確率的に想定しても、リーマンショックや新型コロナウイルスのみならず、新たな起業家の登場など、想定しない様々な事態をもたらします。起業家を変数に加えるとすれば、起業家の誕生する要因分析が必要になります。説明変数を説明するための変数です。予測の精度を上げるには、パラメータとして特定化した値を被説明変数とする理論が必要になります。理論を説明するために理論が必要になるということです。それは際限のない長い物語になります。経営者が売上を予想するには、多くの変数が必要ですが、各変数は別の説明変数を求めねばなりません。

帰納法的な仮説は、背景となる説明変数を増やすことで現在の説明に説得力を持たせることができます。しかし、時間とともに説明変数は変化し、検証のたびに異なる結果となります。そのため、帰納法的な考察方法だけでは、意思決定に有用な理論は構築できません(3)。

刑事ドラマの醍醐味は、犯人を特定するまでの推理です。事件現場から動機を推理すると、説明変数が絞り込まれます。刑事の勘や閃きが最初の仮説となります。怪しい人物が現れ、事件との関係性が考察されます。アリバイなどの証拠固めに失敗すると、改めて動機を見直したりするでしょう。そうした推論の過程で、物的証拠が集まり、仮説を検証する十分なデータが出そろうと、犯人は自供をせざるを得なくなり、逮捕・起訴されて物語が終わります。しかし、過去の犯罪歴が、将来の犯罪予測に使われるというのは危険です。前科者への偏見は、真犯人を取り逃がします。

人間は、ある種の事象が生じたときに、一定の予測を行って意思決定します。過去に繰り返された経験は、帰納法的推論によってマニュアル化された意思決定となります。それは慣例となる行動原則に導き、常識化しているかもしれません。しかし、原則化した行動には落とし穴があります。他の要因が変化するときに、予期せぬ結果をもたらします。すべての変数が同じであることは稀です。閃きや感覚で機会を選択することは意外に重要なのでしょう。人間の意思決定は、物事を考える順番や整理の仕方を一意的に決めることは難しいようです。

原因と結果には時間的間隔があります。因果関係に時間が介在すると、説明変数は時間の経過に伴う環境変化に応じて多様な値を取ることになります。特に、意思のない自然とは異なり、人間の意思を固定することができません。当初の想定した因果関係は、特殊な実験室でも作らない限り検証できないのです。

仮想モデルが現実になる

物理学では、物質の本質を要素に分解して理解し、物質間の関係を解明することで自然界の法則性を発見しようとします。法則性とは、ある事象が生じる理由を説明することであり、因果関係を発見することに繋がります。これまでと異なる仮説は、ある種の閃きから生まれます。これまで説明できないことが説明できれば新しい仮説の誕生です。ある種の現象が起こった時、結果としての事象がより正確に予測されるわけです。

社会科学でも、人間を物質的な機能として捉えることができれば、物理学と同じような法則性を手に入れることができます。資本資産の価格を解明するモデルは、類似の方法論に依拠しています。しかしながら、自然科学のような実験室が作れないため、因果関係を確認することは至難の業です。仮説の検証が困難なのです。それだけではありません。根本的な問題は、物質とは異なり、人間の意思決定は多様性を有し、要素分解しても、共通要素を抽出することが困難であるということです。モデルを作成するには、現実の人間とは異なる特殊な機能を捉えねばなりません。合理的経済人のような特殊な人間の意思決定が、普遍的な法則性を持つという不思議な論法を展開するのです。

たとえば、株価モデルで代表的なCAPMは、投資家の行動をリターンとリスクで説明します。CAPMは、新古典派的な市場の均衡理論であり、資本資産の最適資源配分論です。投資家の要求するリターンは資本コストであり、投資家の機会費用です。

機会費用は、意思決定のための費用概念ですが、均衡理論は競争の終焉した時点の描写です。意思決定の前と後という意味が含まれていません。投資家は、リターンとリスクを評価するのですが、その評価は既に既知なものとしてデータ化されているため、評価活動も捨象されます。リターンは株式投資収益率の期待値で測定され、リスクは株価変動（ボラティリティ）の大きさを示す標準偏差で説明します。期待値と標準偏差という2パラメータで、株式価格などの資本資産の市場価格を説明するモデルです。

複雑な経済現象をたった2つのパラメータで説明するというのは、高度な抽象化を必要とします。そもそも理論構築は、無意味な要因を捨象して、本質的な要因を抽出する作業ですから、資本資産の価格を2つの変数で説明するというのは美しいモデルとなります。

しかし、すべての投資家が期待値と標準偏差などの単純な数値で評価しているわけではありません。有能な投資家は、新たな情報が入る度に、直感的な判断で売り買いをするでしょう。投資家は、企業の将来収入と支出の予測に基づいているのですが、その予測自体は投資家個々人で異なっています。データにない起業家的活動を発見し、起業家利潤に与ろうとします。期待値や標準偏差というデータのない不確実性への投資から報酬を得ようとするのです。

企業の生産する将来の商品は、これを購入する顧客の効用関数に依存します。それは顧客本人でさえ予測不可能です。先見の明のある投資家は、他者に先立って魅力的な新商品を発見するでしょう。彼ら・彼女らは、投資対象と環境を照らし合わせながら、企業の内外環境に関する新たな情報に敏感に反応します。

しかし、そうした目利き能力を有する非凡な投資家は、ほんの一部です。その取引が直ぐには市場全体の評価には繋がらないでしょう。一般の投資家は、特定の仕事に専念して働く個人であり、日々の生活をしている普通の消費者です。環境変化に応じた企業行動を的確に選別する情報収集能力などありません。凡庸な投資家は、不規則に登場する非凡な投資家の後を追って売買を行い、市場の株価が形成されていきます。

非凡な投資家の定義は、凡庸な投資家の先を行く投資家であり、この時間差で利潤を稼ぐことができる投資家です。優れた予測をしても、凡庸な投資家が追従しなければ、損失を被ることになるでしょう。非凡な投資家は、自らの主観的な予測を市場の客観的な予測に仕立てる狡猾な投資家なのです。

市場価格の動きは、非凡な投資家の利潤機会ですが、特定の株価モデルが普及すると、投資家すべてが、あたかも同じ予想をするかのような世界が想定されます。予想が一致しているのであれば、利潤を巡る投資家の機会選択行動を説明する必要はありません。売買の均衡が成立するモデルからは、利潤の説明が消失します。市場の投資家の多く、とりわけ機関投資家や証券アナリストが、特定の株価モデルを利用するようになると、特殊個別的な変数間の因果関係が標準モデルとして昇華します。金融資産の運用業務に就く専門家が、同一のモデルを用いることで、想定する投資家の人間像はモデルの投資家に合致するようになります。理論構築の因果関係は逆転するのです。

市場の売買の結果、ある時点に売りと買いが釣り合い、市場の均衡価格としての株価が成立します。人間臭さは切り捨てられ、質的な相違は、成立した株価とそのボラティリティという量的な数値に変換されます。しかし、この変換は、競争の結果である均衡状態を抽象化したモデルです。釣り合いが取れるまでの投資家の評価は、売手と買手の双方で異なります。複雑なはずの意思決定プロセスは、その説明変数が排除され、成立した株価は投資収益率の期待値とその標準偏差に基づく合理的な機会選択の結果とみなされます。

順番に整理しましょう。投資家は、リターンとリスクで投資を行うと仮定されます。リターンとリスクは、投資収益率の期待値と標準偏差で測定することとします。成立した株価は、この2つのパラメータで説明されます。結果として、このモデルの投資家が、すべて同じ期待値と標準偏差を予測したことになります。均衡価格を説明するために準備された諸仮定から構築したモデルが、現実の株価を説明することになります。それは、釣り合いが取れるまでの取引プロセスを無視しており、利潤機会を逸した無能な投資家によって形成される株価を説明します。

この思考プロセスは、均衡株価モデルに共通するものです。株価を形成する投資家が、同じモデルを同一データに依拠して市場取引するとき、その検証結果は、モデルを指示する傾向をもつでしょう。それはモデルが普及したか否かということでもあるのです。

質的情報の客観化は容易ではありません。期待値と標準偏差は、数学的な取り扱いを容易にするための便宜的な方法です。独自の評価基準や目利き能力があっても、多くの投資家が期待値や標準偏差のデータに基づいて投資決定するようになれば、市場の価格形成はモデルが支配することになります。

このように考えると、最適な資源配分のための「見えざる手」に疑問を感じます。将来を見通す能力のある投資家がいても、標準化したモデルの構築と同時に、この2つのパラメータで計算するコンピュータが市場の大勢を占め、価格形成をすることになります。

しかし、現実には、いかなる計算能力を有しても、将来のデータは入手できません。そのため、過去のデータで代替することになります。抜け目のない非凡な投資家が過去情報に左右されるコンピュータ・プログラムの予想を織り込み、利潤機会を発見するでしょう。市場の株価は変化し続けますから、その度に検証をしなければなりません。

自然科学的な方法に依拠しようとすることで、不自然な科学的説明をすることになります。市場が「見えざる手」として機能するには、文学的な投資家の主観的判断が先行し、時間の経過後に凡庸なモデルに依拠した市場価格が追随するという見方が正しいのかもしれません。にもかかわらず、結果を数学的に説明し、その数学的モデルに現実を当てはめようとします。しかし、現実をモデルに当てはめることと、将来の現実を予想することとは全く異なります。

人間の意思決定や人間が相互に取引するプロセスは、一義的なモデルによる説明はできません。凡庸な人間行動を的確に予想できるモデルが完成すれば、狡猾な人間がモデルを逆手に取った行動を採ることになるでしょう。狡猾な人間が生息できない世界は、シミュレーション仮説の世界かもしれません。

[注]

（1）Machlup, Fritz（1967）*Essays in Economic Semantics*, Prentice-Hall, Inc.（安場保吉・高木保興訳『経済学と意味論』日本経済新聞社、1982年18～53頁参照）。

（2）自然科学の重力モデルは、空気のない実験室が必要です。重力の働きをモデル化するとき、空気の存在はモデルの摩擦要因です。しかし、因果関係は、自然科学でも難しい問題を抱えているように思います。たとえば、「温暖化は異常気象の原因であるか」という仮説は、近年のコンピュータ技術の進歩により計算可能になってきました。温暖化がなければ、異常気象はほとんど起こらなかったという計算でした。しかし、異常気象が温暖化をもたらしたと仮定するとどうなるでしょう。

（3）演繹法や帰納法に加えて、アブダクション（abduction）もしくは仮説的推論と呼ばれる推論方法があります。これは観察者が結論を説明する際に、もっとも納得のいく説明変数を選択するという方法です。ある事象から結論を導くような推論ではなく、結論を説明できると考える原因を観察者が恣意的に決定するという方法です。これも多くの研究者が自覚のないままに仮説設定の段階で行っている思考方法かもしれません。

第10章　人間と時間の動きを捉える
―投資の経済計算と株価モデル―

説明変数と時間概念

経営管理技術の革新は、資本の参入と退出に影響を及ぼします。効率的な分業を達成した組織に資本が集まり、非効率な組織から撤退します。しかし、資本の参入と退出は、様々な与件の変化を勘案します。新商品の登場がなくても、人々の嗜好や法、自然環境や技術などが変化します。

こうした状況の変化は、モデル構築の前提条件となるパラメータを変化させます。分業構造を所与とする期間は、パラメータを一定として議論できます。パラメータは実験室であり、その変化は、社会における分業構造の変化であり、需給両曲線のシフトに導きます。

パラメータを変化させる演繹的思考の代表は、A・マーシャルの時間概念です。彼は、需要に対応するための供給サイドの調整時間を一時的均衡、短期的均衡、長期的均衡、そして超長期の時間に分類しています。生産要素は需要の増減に関わらず、直ぐに調整できるものではありません。

魚市場で魚の値段が上昇しても、今日の漁は終了しています。一時的な供給曲線は、価格の上下に関わらず一定です。しかし、魚の価格が上昇したことを知れば、翌日には多くの漁師が船を出し、網を投げるしょう。魚の供給量は価格の上昇によって増加しますが、船や網を増やすわけではなく、固定されています。これは短期の均衡です。

さらに長期的に魚の需要が増えると考えれば、漁船の建造や漁網を製作するなどの投資が行われます。漁業技術も向上し、漁師も増えるに違いありません。一部の生産要素が固定されている短期からすべての生産要素が変化する長期の均衡概念が定義されます。

新たに説明変数を増やすことになりますが、その意思決定は、専門経営者ではない普通の漁師が考えていることです。船を建造するために必要な投資額は、自らの貯金を取り崩すか、借金で賄うのかもしれません。漁師が自ら船を建造することはないでしょうが、いずれの資金も船の建造に必要な生存基金となっています。

マーシャルの長期概念は、全ての固定的生産要素が変動費化する時間ですが、標準的な新古典派経済学の扱いは、マーシャルの意図した長期よりも限定的で、固定的な設備などが調整可能な時間としています。

超長期は、経済的な価格理論を超える時間概念なのでしょう。様々な環境が変化する世代間の問題を対象としているようです。経済学の市場理論では、長期均衡までが主要な考察対象です。ここで問題にするのは、価格を説明するために様々な説明変数を加えていくことです。

このようなマーシャルの時間概念も頭の中で構築された理念型モデルです。仮定された条件下で、価格への影響を説明します。所与の条件下の時間概念は静学的な分析です。しかし、時間が変化することで、所与とされていた変数に動きが与えられ、動学的分析となります。また、各時間概念を組み込むことで、静学的均衡の状態を比較するモデルとなります。特に重要なのは、短期と長期の橋渡しです。

経営者は、長期の経営戦略の立案に際して、いくつかの固定的生産要素を可変的に考えるでしょう。しかし、経営者がコントロールできる変数は限られています。固定的生産要素の存在は、柔軟な計画策定を阻害する要因です。従業員の解雇が難しい場合には、雇用を維持しつつ、機械設備を増やすことになります。床面積に何らかの制約があれば、所与の空間で商品陳列が必要になります。グローバルな立地戦略を策定する場合には、各国の経済状態や政治情勢などをコントロールできません。

5年後に工場の建設計画を策定しているとします。機械設備やコンピュータ・システムの導入も考えています。工場で働く工員や物流システムの管理、製品の増加に伴う新たな営業員の雇用も考えねばなりません。工場の生産システムを自社で行うのであれば、雇用方針に影響を与えます。システム開発の重要性が増し、組織内に新たな部署が生まれ、戦略的意思決定者や管理責任者を置くことになります。

いずれの意思決定も、目的達成の手段であり、段取りが必要です。一度に、全ての要素を可変的に扱いうことはできません。5年後の工場建設に向けて、今年度になすべきことを決めます。それは、予算に反映されねばなりません。もちろん、各年度の予算は、制約条件下にある意思決定です。準備の優先順位を決めて、制約条件を変更していき、5年目の目標年度に工場を完成させなければなりません。

制約条件とは、発揮できる能力が固定されているということであり、有形・無形の資本が一定の値であるということです。人間は所有できませんが、長期雇用契約を前提とした場合には、固定費として扱わねばなりません。それは機械設備の購入と同じく、固定的生産要素の扱いです。従業員の発揮できる労働力が蓄えられ、生産のために準備されている状態です。

大小様々な種類の有形・無形の資本が存在しており、その回収期間はすべて異なります。工場生産では、原材料、コンピュータ、機械設備、運搬用の車両、建物、そして生産技術などを所与としてモデル化できますが、機械設備の更新や技術の陳腐化を考慮したモデルも展開できます。原材料の費消する速度とコンピュータの償却期間は異なります。生産技術も、様々な分類が可能ですが、基礎的な知識は長期間固定され、部分的に最先端の技術に置換えられていきます。J・M・ケインズ（1936）は、賃金の下方硬直性により、労働供給も一定の期間にわたり固定されると考えました。

時間のない静学的な世界は、一定の分業構造の中での議論になります。分業構造に変化がなければ、固定的な生産要素と流動的生産要素の区別を必要としません。一定のルールに基づいて、様々な諸活動が瞬間的に成功と失敗（利潤と損失）を清算してしまう世界です。それは、過去との繋がりのない世界でもあります。過去を清算できれば、将来の機会選択しか考えません。固定的生産要素の費用回収は利潤と損失という概念で帳消しにできるのです。古い分業構造を破壊し、新たな分業構造を構築する起業家的な意思決定を考慮することなく、将来のための機会選択のみに着目することになります。

冒険商人による時間概念の説明

マーシャルの時間概念を海外貿易に賭ける中世の冒険商人の活動によって説明してみましょう。まず1回の航海で清算される場合を想定します。冒険商人にとっては、船と商品、渡航中の船員の食糧などが投資資金です。他国で商売を行い、帰港して船の売却処分と船乗りへの賃金支払を済ませ、残りを株主の配当金として支払うという流れです。

日々の航海日誌や商品取引の記録は動画として捉えられます。静止画は、動画を止めることでいつでも可能です。株主が投資した現金の状態、船が建造され、商品が船積みされ出航準備が整った時点、就航して商品を売却した時点、そして、現金を獲得して帰港した時点という具合です。

この静止画を連続して撮ったものが動画であり、与件とされた背景や被写体に動きが加わります。しかし、重要な静止画は、出航時点の状態と帰港して全てを清算し、株主に配当する状態です。この冒険商人の航海は、出航時に商品の供給量が決まります。商品価格は、貿易相手国の需要によって決定し、配当金が支払われることになります。これはマーシャルの一時的な均衡の概念であり、出航時と帰港して配当を支払うまでの時間は問いません。出航時にすべての取引が最適に遂行され、清算された状態を想定していることになります。

船長や船員の賃金は売上を期待して約束されます。一時的均衡は、需要以外のすべてが固定された状態を維持する時間です。供給者には機会を選択する時間が与えられません。たくさん売れても、商品を増やすことはできません。売れなければ売れ残りとなります。

1回の航海が終了して、期待以上の売上を実現すると、2回目の航海を計画することになります。積み込むことのできる商品の数量や種類を増やすことになるでしょう。売れる商品と売れない商品を評価して、積み荷を調整することができます。冒険商人が事業を継続しようとする時点では、2回目以降の航海はオプションであり、将来の選択機会です。

数年にわたり、このような航海が繰り返されるかもしれませんが、ここでも条件が決まっています。船員を増やすことはできますが、最初に建造した船が使われています。そのため、船員や商品を増やすとしても、船の大きさによって制限されます。

こうした固定的生産要素のある状況が短期的均衡です。航海は、何年も、何回も継続して繰り返され、供給量の増減を選択する機会を持ちますが、出港時の期待は帰港時の実現値で修正されます。

一時的均衡の概念では、1航海の出航と帰港が1回ごとに清算される取引です。そして、短期均衡は、ある特定の生産要素が固定している期間を想定しています。船を固定的生産要素と想定して、貿易を継続するか否かの選択権があります。それは、新たな船を建造したり廃棄するまでは清算されません。長期均衡は、船の更新や大型船への投資、あるいは事業の縮小や廃業の結果までを考慮して取引を終える時間です。

航海の繰り返し

動学的なモデルは、静学的均衡分析の説明変数を増やし、これを確率変数と見なしたモデルを構築できます。このモデルは、常に現在時点に立脚して、将来を考察するものです。マーシャルの長期均衡と同じように、パラメータの変化を想定して、現在の時点に将来の活動を凝縮するモデルです。

理論モデルは、想定された取引ごとに清算されます。船が建造され、1回の取引ですべてを売却処分するような取引をモデル化することができます。あるいは、取引が未来永劫継続するような状態を想定することもできます。船が繰り返し建造されることを想定して、これを1回の清算取引と仮構するのです。いずれのモデルも、清算される取引のすべてが現在時点で描写されます。

そのため、自然人が引退し、その財産が子供や孫に継承されていくという概念は入り込みません。そもそも財産は取引をするために蓄えられたモノですから、取引の清算は財産の消滅とモデルの完了を意味します。つまり、事業の途中を描写する貸借対照表のような概念は必要としません。モデルに期待するのは、投入された財産がすべて生産活動のために費消され、その成果の見込みを示すことです。それはモデル構築時点で予想される描写であり、実際の活動や結果ではありません。

モデルを実際の問題に応用する段階では、予想値と現実の結果を照合し続けることになります。一定の時間が経過した後に、実現した真の値になります。実現した価格がモデル通りの結果になることは稀でしょう。その都度、モデルを用いて、繰り返し計算することになります。それは、Plan-Do-Check-Action（PDCA）というサイクルを回すことになります。

PDCAの1回転は、計算した結果が確認される時間であり、各年度の予算や中長期計画が設定する時間です。事前と事後には乖離が発生します。計算されるモデルの予想値は、実現するプロセスで乖離していきます。所与とされた条件を見直さねばならない事態が起こります。想定外に大きな嵐に遭遇するかもしれません。出航時に想定した最適意思決定モデルは修正を余儀なくされます。こうしたショックは、大なり小なり常に起こるでしょう。

動学的モデルの特徴は、静学モデルのパラメータを変化させることです。パラメータが実態に合わせて変われば、モデルによる説明能力は高まるでしょう。パラメータの変化や外的なショックを導入するモデルは、その都度、恣意的な値を挿入できるのです。

それでもパラメータの推計は、基本的には過去のデータしか使えません。多くの説明変数に多くの過去情報を使うことになります。しかし、過去情報とは何を意味するのでしょうか。自然の現象であれば、100年間の気象情報や地殻変動の蓄積は有用でしょう。しかし、社会現象では30年前のデータが現在の意思決定に役立つとは思えません。

1990年代の初めには、携帯電話が登場しますが、インターネットやスマホは利用されていない時代です。2010年代にはSNSが世界的な広がりを見せました。コロナ後の世界は、あらゆる生活様式を変化させます。法律も変化し、働き方も変わりました。時代に応じてデータの持つ意味が異なりますから、過去のデータで現在および将来を説明するには十分な注意が必要です。過去のデータの選択次第で将来のシミュレーション結果は異なるのです。

しかし、改めて確認しておくべきことは、投資計画の時間は、貨幣の支出と回収の時間に着目することであり、機会選択の事前段階で見る視点と、事後的な結果を見る視点を常に意識すべきなのです。事前と事後は、常に乖離します。そこに利潤と損失の概念があるのです。資本概念は利潤と密接不可分なのです。

継続企業のモデル

現実問題に対応する時間概念は、静学や動学のモデルとは異なり、暦により過去と現在、そして将来の時間を想定します。一隻の船を使い、航海を繰り返すという見方から、数隻あるいは数百隻の船が次々と航海に繰り出すような事業を想定します。

一隻の船が出港し、帰港するまでの間に次々に船が出港し、また次々に船が帰港してきます。静止画には、出航する船、航海途上の船、貿易国に寄港している船、帰港する船が1枚の写真に撮影されます。1航海という取引の終了時点が存在しないため、清算とは関係なく、ある暦上の時点で静止画を撮影することになります。

永続して事業を営む継続企業（going concern）では、会社が倒産しないかぎり清算しません。事業継続を前提として、私有財産の増減を半年とか1年という期間に測定し、期首と期末に計画と結果の乖離を評価するPDCAサイクルを繰り返すことになります。複数の事業を抱える場合には、それぞれにドラマがあるため、ドラマ毎の整理が必要になります。

モデルのような理念上の清算ができないため、日付を決めて、あたかも清算したように計算を行い、投資家に報告することになります。人々に共通の時間的間隔を設け、取引が終焉していないにもかかわらず、現在進行形の動画を切り取って、静止画を作成します。動画は過去の一定期間の取引であり、静止画は過去を描写するポンチ絵です。

財務諸表上の決算数値は、取引とは無関係に区切られます。貸借対照表は決算時点の静止画と見なされ、損益計算書は決算期間中の行動を録画した動画のように捉えられます。しかし、継続企業を前提とする限り、いずれも途中経過です。

貸借対照表はある時点の状況を示すという意味では静学的分析です。損益計算書は期間の活動を描写するため動学的分析です。しかし、この静学と動学の区別は、これまでに説明したような経済学上の静学と動学とは似て非なるものです。取引に関する時間の概念が異なるのです。経済学の視点は、将来もしくは機会選択行動を予想して、その将来結果までを描写するポンチ絵です。それは、途中経過として位置づけられる過去のデータを中心とする財務諸表上のポンチ絵とは異なります。

事業を継続するという意思決定は、同じ事業に投資することの決定です。企業が継続している限り、資本は再投資を続けることになります。

商人的な視点　売上予測と費用の見積もり

継続事業では、時間の経過に伴って生産要素が投入され、生産工程で形を変えながら商品となり、貨幣として回収されます。生産要素の回収期間は、すべて異なります。一人の顧客が購入するラーメンの価格には、材料費や人件費、水道光熱費などに加えて、テーブルや椅子、箸や器などの費用が部分的に算入しているのです。つまり、異なる変数が異なる時間的経過で資本の形態を変化させていきます。この回転運動を演繹的な思考でモデル化することはできます。しかし、生産要素の結合方法は無限に近く存在しており、F・テーラーの科学的管理法に見られるように問題を絞り込み、動作研究や時間研究により、最適な生産方法を模索するしかありません。

均衡価格は、静学的考察の典型事例です。需要曲線と供給曲線は、価格と数量以外は固定して、最適資源配分のための均衡価格を説明します。しかし、その均衡の模索過程というのはどのようなものでしょうか。各企業は、利潤もしくは利益最大化を模索しながら機会選択を行います。利益は、売上から費用を控除したものです。売上は需要量と価格の積であり、費用は供給量に単価（平均費用）を乗じたものです。

企業が売上増を期待する機会選択活動は多様です。価格だけではありません。広告・宣伝活動、商品のデザインや機能、パッケージの色やデザイン、販売方法や陳列棚の配置、流通手段など多様な要因で需要は変化します。企業経営にマーケティングが重視される所以です。

企業の努力には直接関係しない要因もあります。ライバル企業の動向や新たな企業の参入、経済全体の好不況、法律の改正による規制の緩和や強化、流行や人々の嗜好の変化、社会的な秩序や価値観の変化、人口の増減、気候やその他の自然環境の変化、そして技術の進歩など、価格以外の多くの要因が売上に影響を与えています。

費用関数も同じです。生産要素の無駄のない組み合わせを選択し、雇用や生産設備、それに工場や店舗数の増減、技術の進歩や組織再編による生産性の向上、取引先企業の見直し、提携やM&Aといった企業サイドの意思決定のみならず、調達する原材料や部品価格の変化、既存企業や新興企業の参入など、企業を取り巻く経済、法律、社会、自然、技術などの諸環境の変化が個々の企業の生産活動に影響を与えます。あらゆる変数が利潤最大化の制約条件となりますが、その制約条件も時間とともに変化します。

単純な理論モデルは、現実の問題を解決するために、複雑な変数を抱える応用モデルとなるわけです。予想段階では、全ては確率的な変数ですし、それぞれの要因は、その影響が及ぼす時間が異なることに気付かねばなりません。説明するための要因を加えるとき、様々な時間の概念が導入されることになります。人口の増減と広告費の増減は、需要の増減に関係しますが、異なる時間を想定しているはずです。生産設備の増減と新規工場の建設も、費用の回収期間に差があります。

このような実務家の視点は、財務諸表の勘定科目に反映されます。もちろん、勘定科目では捉えられない活動もあります。しかし、均衡模索活動は機会選択の活動であり、財務諸表に記載された過去の情報は清算済みです。

経営者は、市場の均衡価格を知りません。そのため、商人的活動を通じて価格を探索しなければなりません。それは市場の均衡価格の成立過程では捨象された活動です。経営者の頭の中で組み立てられた演繹的な事業モデルは、結果を見て帰納的な推論になります。

演繹と帰納の繰り返しがPDCAサイクルとなって最適な資源配分の価格を探索することになります。現在を起点にして、会計情報に集約される将来活動の眺望になります。この視点は、企業を評価するための資本理論（投資決定論）に繋がります。商人的視点とは、市場による「見えざる手」と経営者による組織内管理の「見える手」の比較です。

投資の経済計算

マーシャルの長期の概念は、投資決定論として展開されました。それは船を建造するか否かの意思決定であり、「見えざる手」と「見える手」を比較する経済計算です。その代表的計算は、内部収益率（Internal rate of return：IRR）法と正味現在価値（Net Present Value：NPV）法です。これらのモデルは、カレンダーの時間概念を明示的に取り込みました。投資決定は、時間をかけて企業に資源を集め、これを組織化することでもあります。

ロビンソンの享受する総生産物の価値は、投資収益率の均等化のプロセスで増加します。最初の魚の価値が高いのであれば、これを確保するための網の価値は高いはずです。魚が豊富に獲れるようになれば、魚に対する欲求は減り、これにともなって網も必要なくなります。魚の価値の低下で、相対的に魅力が高まったのが果実です。果実を欲することで梯子が必要になりました。果実も満足できるだけ採取できるようになれば、野鳥を捕獲したくなり、ワナが作られました。

資本財が増えるに従って、消費財も増えていきます。消費財が増えることで新たな道具を欲することになります。このようなプロセスで資本が蓄積すると、それだけ多くの財を消費できることになり、多くの効用を得ることになります。

ロビンソンは、食生活に満足すると、衣服や住居に興味を示すようになります。社会全体が食糧不足にあれば、食品工場の建設は高い利益率をもたらす投資です。しかし、十分なだけの食糧が供給されるようになれば、追加の食品工場は建設すべきではありません。投資収益率を比較して、高い順番に投資することが求められます。

衣服が不足している時には、繊維工場や衣料工場、衣料品の店舗も必要になるでしょう。希少な貯蓄を利用して、何に投資すべきなのか、選択機会の価値は人それぞれであるため、多数決のような仕組みが必要になります。多くの人が購入してくれる財やサービスが希少資源の使い道として合理的と考えるのです。

単純な説明ですが、実際の投資は回収期間の異なる生産要素を結合させます。投資計画を清算するモデルは、複雑で難しい見積もりが必要です。ここでは、こうした難問が解決され、収入と支出の見積もりが終わっているものとします。

投資収益率は、投資支出に対する収入の割合を計算する内部収益率です。これは網のおかげを測定する利子率の計算です。具体的には、網の投資額（Ｉ）と網が稼ぎ出すｔ期にわたる追加的小魚のキャッシュフロー（C_t）から（11）式のＩＲＲを計算します。網の経済的耐用年数はｎ年です。（12）式に示すように、ＩＲＲが資本コスト（ｋ）以上であれば、投資は実施されます。プロジェクトによりリスクが異なるので、投資家にとってのｋは、リスクと時間選好を加味した機会費用です。それは機会選択時点の瞬間的写真です。

$$I=\sum_{t=1}^{n}\frac{C_t}{(1+IRR)^t}=\frac{C_1}{(1+IRR)^1}+\frac{C_2}{(1+IRR)^2}+\cdots+\frac{C_n}{(1+IRR)^n} \qquad (11)$$

$$IRR \geqq k \qquad (12)$$

計算能力に長けた合理的経済人は、将来キャッシュフローを的確に予測できます。網を使って、追加的に捕獲できる小魚の価値は、ロビンソンの労働コストを控除したものです。網が小魚を捕獲できる耐用年数も正確に把握しています。そして、計算されたＩＲＲは、ロビンソンの主観的な時間選好率ｋと比較されることになります。現在の消費を我慢することができなければ、ＩＲＲよりｋが高いことになり、網の制作を断念します。

工場の建設を検討する場合には、工場を操業するための労働者の賃金や原材料費、その他の諸経費を控除して、最終的に手元に残る各年のキャッシュフロー（C_t）を予測します。工場建設の決定は、IRR≧kということになります。

　ＩＲＲ法は、資本コストと投資収益率を比較する経済計算ですが、ＮＰＶ法は、投資額と投資がもたらす将来キャッシュフローの現在価値を絶対額で比較します。ロビンソンが道具を生産するために犠牲にしたコストと道具によって稼ぐことができる利子（将来キャッシュフロー）の現在価値（ＰＶ）を比較するわけです。現在価値が投資額を上回れば、正のＮＰＶを実現します。ロビンソンは、投資によって、これまで以上の富を手に入れることになります。合理的な経済人は、ＮＰＶが0以上でなければ投資はしません。

　網の価値は、（13）式で示すように、将来の小魚の価値を現在価値（ＰＶ）にしたものです。ＮＰＶ法は、このＰＶと網の製作に犠牲になる現在の投資額（Ｉ）の差額を求めて、投資の採否を決定する方法です。時間選好率やリスクが高（低）くなれば、ＰＶは下落（上昇）します。

$$PV=\sum_{t=1}^{n}\frac{C_t}{(1+k)^t}=\frac{C_1}{(1+k)^1}+\frac{C_2}{(1+k)^2}+\cdots+\frac{C_n}{(1+k)^n} \qquad (13)$$

$$NPV=PV-I \qquad (14)$$

（14）式のＮＰＶがプラスであれば、投資により価値が増加するというわけです。所得に制限があるときには、投資の優劣比較は、ＩＲＲ法よりＮＰＶ法が適しています。ロビンソンの労働力に制限がなければ、投資収益率が低くても、企業価値の増加に貢献する方法が選択されます。(1)資本コスト以上のＩＲＲが期待されるとき、あるいはＮＰＶがプラスとなる投資対象がある限り、投資の実施はロビンソンの富を高めます。そして、IRR＝kになるまで、あるいはNPV＝0となる投資計画まで実施すれば、彼の富は最大化されます。(2)

資本蓄積により生産性が上昇し、消費財が増加することで豊かな生活が享受できます。消費財の増加は貯蓄を容易にし、資本供給曲線が右にシフトします。その結果、資本需要曲線と交わる時間選好の利子率は低下します。時間選好は投資家の機会費用ですから、過去に貯蓄した総額とは関係ありません。意思決定時点における現在と将来の機会選択です。新たに追加的に貯蓄する純貯蓄の利子率が、投資の採否を決定します。漁が必要であった時と比較すると、果実を欲するときの利子率は低下していきます。豊かになれば、ロビンソンの資本コストは低下していくのです。

私たちの社会では、こうした時間選好が市場の価格機構によって決まります。消費財と投資財の価格決定です。投資の経済計算は、数年間にわたるキャッシュフローを想定しますが、ロビンソンの事例でわかるように、数日のプロジェクトでも考え方は同じです。数日間の井戸掘りで豊かな暮らしが実現します。そして、資本が蓄積し、豊富な消費財が生活に潤いをもたらすようになれば、レジャーを選択することもできます。労働時間の短縮も、労働コストと財やサービスの効用の比較の結果です。このような視点からは、資本と労働の対立関係は見えてきません。

株式会社の時間

株式会社は、不特定多数の資本を結合するために考案された資本調達のため仕組みです。株主個々人は、自らの投資する株式投資が、一定時点経過後に配当と株価の上昇を伴うことを期待しています。株主は、個々の株式売買に際してプラスのＮＰＶを暗黙裡に想定しています。経営者は、株主の期待に応えるために、事業の投資に際してＮＰＶがプラスになる投資案件を探索し、実施しなければなりません。しかし、経営者と株主の将来予想が一致するとは限りません。

経営者の投資決定を株主が承認するとき、両者の投資評価が一致すると仮定できます。もちろん、不特定多数の株主と経営者の投資計画が同じように想定されるわけではありません。しかし、株主がNPV>0の投資案件と見なせば、株価は上昇することになります。経営者の想定以上に株価が上昇することもあるでしょう。経営者の投資計画に、多くの投資家の賛同を得られるとき、株式会社は上場により多くの投資家の資金を調達できます。

株式市場への上場は、巨額の資本を一挙に調達できるため、企業は市場を独占することが可能になります。独占とは所得を独り占めすることですから、株式会社という制度が根付くことで格差拡大が常態化することになります。格差は、株式会社制度に固有の本質的な問題かもしれません。

株式会社が市場経済に組み込まれている内在的な要素であるとすれば、格差是正は市場経済の仕組みに抗うことになるかもしれません。規制の強化とか、経営者に倫理的な行動を強要しても、資本の参入と退出という本質的な問題に根差すとすれば、格差是正は難しいことになります。

しかしながら、株式会社の普及に伴い最貧国の所得は増加しています。豊かな国の所得格差と貧しい国の成長は、世代間に跨る時間の問題です。株式会社は、時間をかけながら相対的に過剰な労働力（低賃金の労働力）を吸収（雇用）しているのです。グローバル市場における時間をかけた競争は、豊かな国の資本を貧しい国に移転させ、所得水準を平均化するという見方もできるのです。

株主個々人の利益を追求する行為は、資本の参入と退出という市場競争を介して、企業間格差と所得格差をもたらす一方で、貧しい人々の所得向上に貢献していることになります。こうした状況は知らない間に徐々に進行していきます。豊かな国で起業した会社が、上場して巨額の資本を調達し、多くの雇用を擁する会社に成長します。

成長している限り、働く人々の所得も増加します。しかし、国内市場に衰退傾向が表れると、海外進出を始めます。海外に進出した直後は、低賃金の労働者の雇用により利益が増加します。国内労働者の賃金は、海外の低賃金労働と比較され、工場閉鎖による解雇や賃下げの圧力に晒されるようになります。しかし、やがて現地の労働者の賃上げが必要になり、グローバルな労働市場で賃金が平準化していきます。

こうした時間をかけた賃金水準の平準化プロセスに対し、株主の所得はどうでしょうか。起業して上場する段階で株主は創業者利得を享受します。国内が飽和状態になるまで利益が増加し、株価は上昇するでしょう。海外市場に進出し、低賃金労働者を雇用し、国内労働者を解雇するときでも株価は上昇します。株主は資本家です。資本家と労働者の格差は、拡大し続けていることになります。(3)

株式会社における時間の問題は、創業時の出資や上場時の増資、さらには工場の増設や海外進出という世代間に跨るような生存基金を欲する実体的な生産活動と日々の株式市場における売買が、どのように関係しているのかということです。企業が創業するときの出資者は、主観的なリスクの判断によって出資しますが、事業が成功して、その事業内容に関する情報が客観的な数値として相互評価されるようになると、機関投資家や多くの一般投資家の投資対象となるでしょう。時間の経過とともに、出資者の性質も異なります。

積極的にリスクを受け入れる投資家は、情報収集と分析に時間をかけているでしょう。企業が成長して、上場する時点では、創業時の株主は大きな創業者利得を獲得することになりますが、上場後に株主になる不特定多数の株主は、十分なリスク分析なしに株式投資をすることで、平均的なリターンしか得られなくなります。

譲渡自由な株式制度は、各株主の売買の時期が異なるだけで利潤・損失に違いが生じます。ある株主は、株価の下落時に購入し、株価上昇時点で売却して、利潤を享受できます。一方、同じ株でも、高い株価で購入した株主は、下落時点で売却すると損失を被ります。株式流通市場における日常的な売買は、ある株主には利潤をもたらし、別の株主には損失を与えることになります。株価は、最後の限界的な取引、つまり、売値と買値が釣り合った最終的な売買によって成立します。その変動の幅は、株主の増加とともに小さくなっていきます。取引の相手が少なければ、交渉術も重要になりますが、不特定多数の市場取引になると、特定の株主による交渉術が利かなくなります。

株主名簿に記された株主は、売買によって入れ替わります。短期の売買を繰り返すトレーダーは、株主名簿を意識することはないでしょう。デイトレーダーは、時々刻々と入手する情報により株式を取引します。新たな情報が資源配分先を変更させるという意味では、市場の株価形成に有意義な働きをしていることになります。配当を受け取る権利や株主総会における議決権行使には興味がありません。一方で、創業家や議決権行使に関心のある大株主は、短期の株価変動で一喜一憂することはありません。議決権行使に影響を及ぼすような株価の変動があるときに、経営者の選任や経営方針への変更などの意思決定に関与することになります。しかし、長期的に保有し続ける株主は、日々の売買に参加しないことで、日々の市場の情報には鈍感な対応となるでしょう。

株式市場は、こうした議決権行使に関心を有する株主と配当や値上がり益のみに関心を有する株主の取引によって株価を成立させています。個々の株主は、それぞれの自己責任で特定の時点で投資を行い、一定期間後に資金を回収することになります。それは資本の参入と退出による資源配分です。しかしながら、企業の生産活動は、貨幣資本が生産活動に投下され、商品を生産・販売して、貨幣資本を回収します。この現実資本の回転運動と株主の売買に基づく資本の回転運動は時間的に一致しません。経営者による投資の経済計算は、株式市場における株主の瞬時の売買の中で評価されることになるのです。

［注］

（1）道具がいくつかの複合的な部品の組み合わせやプロジェクトの複合体であるとすれば、投資の規模が増加すると限界投資収益率は低下していきます。そのため、小さな道具や小規模なプロジェクトに比較すると投資収益率は低くなります。しかし、資本コストを上回る場合には、絶対的な道具の価値が大きなものとなります。

(2) 投資額を上回るリターンの期待は、財務諸表上の資産の簿価よりも企業の市場価値が高いことを意味します。つまり、IRR≧0もしくはNPV≧0の投資を実施している企業の株価純資産倍率（Price Book-Value Ratio：PBR）は1を上回る必要があります。PBR<1の状況は、資源を無駄に使用した証です。

(3) 創業者利得は、将来の利益の一括先取りですから、反対の歯車が回ることもあります。事業環境に失望すれば、資産価値は暴落するでしょう。株主の富は損なわれますが、職を失う労働者は生存権を奪われることになります。

第11章　格差と抜け駆けする狡猾な知識

―時間差と創業者利得の源泉―

合理的個人の資本コスト

投資家としてのロビンソンの行動を再度確認しましょう。道具を作ろうとするとき、ロビンソンは投資家になります。彼は、家計所得の消費者ですが、現在の消費と将来の消費（貯蓄）の機会選択をします。食生活が厳しい状況では、現在の消費機会の魅力が高く、消費を将来に延期する余裕がありません。現在の食生活のための生産活動が最優先されますが、多少の余裕があれば、わずかな労働時間を確保して、明日の生産活動のための魚網を編むことができるわけです。

網の作成という投資活動は、漁によって確保される魚の価値に依存しますが、魚の価値が高い状況では、網の価値も高いと考えられます。漁網の価値は、確率的に高い価値をもたらす魚の価値に派生して、高い価値を期待できるわけです。つまり、ロビンソンの要求する漁網の投資収益率は高く、魚の価値がはっきり理解されているので、リスクの小さな投資ということになります。

一般的に考えると、所得水準の低い生活は、将来のために貯蓄に回す余裕がありません。限られた貯蓄ですから、高い投資収益率で確実な成果を期待できる投資対象に優先的に配分するのです。資本コストは投資家の機会費用ですが、それは時間選好としての利子率とリスクに対する報酬です。

低所得の投資家は、資本コストとして高い利子率を要求し、リスクの低い対象を優先するでしょう。リスクが高ければ、そのような機会に投資する余裕はありません。確実性の高い所得（豊かさ）増加の機会に、限られた資源を投入するはずです。リスクを冒すことを躊躇し、後回しにするはずです。

所得が増加してくると、余裕のある生活になり、貯蓄に対する見返りも低下します。ロビンソンは、魅力のある消費生活を順位づけながら、道具を作りました。限界的な投資収益率は低下していくわけです。多少の挑戦的な行動が許容できるようになるのは、失敗を取り戻す余裕があるからです。潤沢なキャッシュフローを稼得している大企業では失敗が許されるのです。しかし、生存基金の蓄えのない中小零細企業では致命的です。

豊かさへの貢献度が分からない投資は敬遠されます。道具の成果予測が難しい投資は、優先順位が低くなります。リスク回避は、合理的投資家の一面を捉えています。所得が増加すると、時間選好とリスク回避に関する資本コストの構成比率が変化します。要求する時間選好率が低下することで、リスクの高い投資案件が採用されるようになります。時間選好のウエイトが相対的に低下し、リスク評価が主要な関心事となります。

ロビンソンが年老いてくると、資本コストの構成要素は再び変化します。遠い将来を考えることができません。新しい生活に挑戦しようという気持ちが萎えて、生活はパターン化しています。成熟した企業組織であれば、これまでの生産活動が構造化しており、安定したキャッシュフローを稼得しています。

事業を所有し、経営している企業家が、余生を安寧に暮らそうとするとき、既存事業を処分して、ベンチャー企業を創業しようとは思いません。高齢化した投資家は、リスクの低い安定的な所得が期待できる投資先を選好するでしょう。失敗した場合、これを取り返す時間がなくなっているためです。

所得格差と時間選好

投資家個人の集計は、難しい問題を抱えています。各自の現在消費と将来消費に関する時間選好は異なります。多数の資本需要者と資本供給者の取引が成立するとき、その価格は市場参加者が納得した現在財と将来財の交換比率と見なされます。ロビンソンの世界とは異なり、様々な主観的効用を有する市場参加者による意思決定です。低所得の人は、今日の消費が重要であり、明日以降に延期する余裕がありません。現在の消費を耐忍できなければ、投資資金を十分に拠出できません。つまり、高い利子率を要求します。一方、高所得者は、貯蓄資金に余裕があるため、潤沢な資本供給が可能であり、低金利でも資本を供給できます。

貯蓄と投資の関係は相対的です。利益率の高い魅力的な投資機会が多い時、資本の需要が供給に対して相対的に増加するので、金利上昇に繋がります。低金利でも資本を供給できる裕福な投資家は、金利の上昇によって余剰所得を得ることになります。それは、低所得者の貯蓄を吸収することによって可能になるわけです。

そして、魅力的な投資機会を実施した後は、投資からの回収資金が貯蓄増加を手伝い、金利は低下していきます。

利子率の低下は、新しい道具の価値の低下です。優先順位の高い消費財のための道具から順番に生産していくのですから、追加投資の価値が低下していくのは当然です。ロビンソンの漁網は古い道具であり、野鳥のワナは最も新しい道具です。言い換えると、金利の低下（上昇）は、新規投資の価値と比較して、既存資産の価値（流通市場の株価）を上昇（下落）させます。

具体的な数値例で説明しましょう。合理的企業は、優先順位の高い順に投資をします。投資収益率の高いプロジェクトから順位づけられています。Aプロジェクトは、１０００万円の投資に対して、未来永劫３００万円のキャッシュフローが予想されています。つまり、投資収益率30％の投資計画です。投資収益率は、内部利益率（ＩＲＲ）の計算です。

将来にわたるキャッシュフローが同額というのは、説明を単純化するためです。プロジェクト単位というよりは、継続事業体の企業組織をイメージして、ＩＲＲの説明を思い出してください。無限等比級数の和は、下記のように単純な式で表すことができます。

$$I=\sum_{t=1}^{\infty}\frac{C}{(1+IRR)^t}=\frac{C}{IRR} \qquad (15)$$

Aプロジェクトの投資額（I_A）は１０００万円で、毎年のキャッシュフロー（C_A）が３００万円ですから、IRR_A＝30％になります。普通の利益率も、こうした考え方に基づいて計算されています。

Bプロジェクトは５００万円の投資（I_B）に毎年１００万円（C_B）を稼得し、同じような計算により、IRR_B＝20％が求められます。そして、CプロジェクトはI_C＝３００万円、C_C＝30万円を稼ぎ続け、IRR_C＝10％を稼得するとします。

１０００万円の資金しか準備できない場合、Aプロジェクトしか実施できません。資金制約は、Aプロジェクト以外は投資収益率が低いため、資本コスト（k）を充たせないということです。毎年３００万円の将来キャッシュフローと現在の１０００万円が等価交換（現在価値計算：ＰＶ）となります。つまり、資本コストもしくは要求する利子率は30％です。

（16）式を見てください。この計算も、（15）式と同じく無限等比数列の和の計算です。

$$PV=\sum_{t=1}^{\infty}\frac{C}{(1+k)^t}=\frac{C}{k} \qquad (16)$$

Aプロジェクトでは、C_A＝３００万円の無限のキャッシュフローを資本コスト（k_A）で現在価値に割引いています。資本制約があるため、IRR_A＝30％のAプロジェクトのみ１０００万円の資本が供給されました。Aプロジェクトの現在価値（PV_A）は1000万円でk_A＝30％になります。資金的に余裕が生まれ、500万円を準備できると、Bプロジェクトが実施されます。20％の投資収益率でも実施できる資金的余裕が生まれました。余裕が生まれた投資家は、資本コストを20％に低下させたのです。新たな資本供給者の登場と考えても良いでしょう。

投資家にとって、AプロジェクトはBプロジェクトより魅力的です。Bプロジェクトの投資家は、Aプロジェクトの価値を1000万円ではなく、1500万円（C_A＝300万円をk_B＝20％で割り引いた現在価値）に評価するはずです。Cプロジェクトのための資金が確保できると、Aプロジェクトの価値は3000万円、Bプロジェクトの価値は1000万円となります。限界投資収益率が低下し続けているとき、古い道具の価値は新しい道具の価値より高く評価されます。

株式会社で考えると、発行済株式の所有者は、利子率の低下とともに富（株価）を増加（上昇）させますが、新たに株式を購入する人は、低い投資収益率で満足しなければなりません。Aプロジェクトの実施時期に1000万円の資金（I_A）を出資した株主は、Cプロジェクトの実施段階では3000万円（PV_A）の株価に上昇し、Bプロジェクトに出資した株主は、投資額であった（I_B）500万円の株価が1000万円（PV_B）に上昇しています。新たな資本の需給が、すべてのプロジェクトの時間選好を決定するのです。

そのため、Cプロジェクトに出資した株主は、300万円の投資額（I_C）が300万円の株価（PV_B）として評価されるのみです。最初に資金供給した投資家は、新たに供給される資金を梃子にして、その財産価値を増加させているのです。もちろん、一人の投資家がすべての資本を供給する場合も、同じように富を増加させていることに気づくでしょう。一人の投資家が、ＡＢＣの投資をすべて実施すれば、投資総額（I_A＋I_B＋I_C）は１８００万円で、株式時価総額（PV_A＋PV_B＋PV_C）４３００万円を手に入れることになります。

個人間のリスク選好

道具の需要は、消費財の派生的需要ですが、時間選好だけでなく、消費財の需要がどの程度確かであるかに依存します。ロビンソンが確実な欲求充足を考えて投資先を決めるように、時間選好が同じであれば、リスクの低い順に投資を実行します。つまり売上予想の確度に応じた投資です。

しかし、将来の消費需要は、消費者自身も予測できません。そのため、資本家が消費者に代わり、事前に生産の準備をするわけです。消費者自身が将来を予測できない以上、投資決定はリスクを伴います。投資家は、類似事業の有無を確認しながら、顧客の需要を探ることになります。

将来の消費財の予想売上が変動すれば、その準備のための資本財の価格も変動します。これをリスクとして捉え、リスクに対する価格をリスクプレミアムと呼びます。投資家は、リスク回避的行動を選択するという仮定が設けられ、リスクの低い投資機会には多くの資本が供給され、リスクの高い投資機会は敬遠されます。結果として、低リスクの投資機会の資本資産価格は高く、その投資収益率は低くなります。一方、高リスクの資本資産価格は低く、成功した時の取り分は大きくなります。

投資案件によってリスクは異なりますから、資本資産価格は時間選好と各投資のリスクプレミアムを加味して価格付けられます。つまり、市場で決まる資本コストは、投資家のリスク調整後の機会費用と定義されるのです。(1) 均衡理論で定義される資本コストは、こうしたリスクとリターンに関する評価が済み、投資家の参入と退出が完了している百分率で示す資本の均衡価格です。

市場に参加する投資家は、合理的経済人を仮定していますが、時間選好と同じく、それぞれに異なる性質を有し、リスクへの反応が個々人で異なります。低所得の人は、できるだけ確実な投資対象を選択するでしょう。それは、ある意味で合理的です。ロビンソンが漁網の製作を第一に考えた理由を思い出してください。

所得が少ないうちは、郵便貯金や銀行預金、それに保険を貯蓄手段に選びますが、所得が増えるにしたがい、株式などリスクのある投資先を選択できるようになります。しかも、十分な資金を有していれば、機関投資家のように、多数のリスク資産に分散投資することで、リスク自体を引き下げることができます。

ここでも、投資家各自の個人的資本コストの差が格差の原因となります。リスクプレミアムが所得格差と関係するということです。資金的に余裕のある投資家がリスクの高い事業に先行投資し、その事業の売上収入が安定すると零細な資金しか持たない多くの一般投資家が参入してきます。余裕のある投資家は、一般的な投資家の参入により余剰所得を得ることになります。

たとえば、1000万円の投資額を要する新規プロジェクトXは、毎年2000万円のキャッシュフローを期待されています。このXに対して、一般的な投資家は、時間選好の利子率10％、リスクプレミアム20％を要求しています。資本コストは30％になりますから、困難なプロジェクトと考え、投資を敬遠することになります。

しかし、裕福な投資家は、時間選好もリスクに対する要求も高くありません。毎年150万円のキャッシュフローで十分と考えているなら、裕福な投資家は、プロジェクトXへの投資で主観的には50万円の余剰を得ることになります。

時間が経過し、プロジェクトXのキャッシュフローに対する確率分布が評価できるようになります。市場参加者のリスク評価が可能になり、リスク回避度の高い人々が投資するようになります。零細な資本が集まる段階は、資本コストの低下を意味しますから、プロジェクトXの価値は上昇します。

時間選好の事例と同じく、市場の資本コストが高い時点で資金供給した投資家は、価値の増加により利得を享受できるのです。一般的投資家から見ると、リスクに果敢に挑戦した投資家報酬という説得力のありそうな説明を受け入れます。しかし、富裕層の投資家は、十分な貯蓄と分散投資によるリスク削減効果、そして、投資に関する専門的知識を活用する慎重で狡猾な投資を行っているのです。

投資家の分類と資本調達

個人のライフサイクルに応じて、個人の資本コストは変化します。年老いても、十分な所得を確保している限り、不確実性の高い投資先にチャレンジすることは可能です。ベンチャー企業へ出資する投資家は、生活に困らない所得を確保した裕福な投資家です。

合理的な個人投資家は多様ですが、社会全体の平均貯蓄額が同一であっても、貯蓄（所得）分布の形状によっては異なる投資戦略が採択されるでしょう。

また、情報は非対称的であるだけでなく、情報内容を理解できる投資家と理解できない投資家がいます。投資家は人間であり、それぞれに修得している知識や技術に相違があります。当然ですが、知らない分野に投資するのは危険と考え、躊躇するはずです。

投資家は均質的な合理的経済人として、市場の需給理論のなかで捉えられますが、企業や投資家は均質ではありません。それぞれの事業に専門的な担当者がおり、資本需給の交渉過程が資本調達の順位付けに関わるのです[2]。企業の資本コストは、こうした企業と投資家との交渉過程の中で決まります。合理的な個人投資家の単純集計として市場を見るのではなく、ある基準によって投資家を識別し、グループ分けするという分析視点も必要になります。

そして、個々の投資家の資本コストが株主や金融機関といったグループに分類されると、株主や負債の資本コストとして表現されます。テキストなどで、企業の資本コストと呼ぶのは、こうした分類によって集計された資本コストを加重平均した（Weighted Average Cost of Capital：WACC）ものです。資本を需要する企業は、投資家を選択して、最小コストで資本を調達しようとします。それは、企業価値を最大化する最適資本構成となります。

資本構成をめぐる理論は、ＭＭ（１９５８）論文が嚆矢となっています。ＭＭは、企業価値や資本コストを決めるのは投資活動であり、資本調達方法とは無関連であると主張しました。現代の教科書では、支払利息の損金算入による節税効果と借入に伴う倒産コストのトレードオフが最適資本構成を決定するとしていますが、基本的な理論展開はＭＭ的な資本市場の均衡理論です。

ＭＭ的な均衡理論と、ここでの議論とは何が異なるのでしょう。投資家は、投資対象を探索し、起業家や経営者との情報交換のなかで、その評価を変化させます。資本コストは、多様な投資家との交渉過程で決まるのです。ある投資家は多くの資本を供給し、別の投資家は少額の資金提供さえ拒否するかもしれません。

交渉が終了した世界では、貸借対照表のように資本運用と資本調達はバランスします。リスクに見合う投資計画に応じた投資家のみが資本を供給するのですから、期待される投資利益率と資本コストは一致するはずです。

ＭＭは、投資計画が資本コストを決めると主張しました。確かにその通りですが、資本供給者が投資計画のリスクを判断し、資本を供給しているとも言えるのです。それは循環論法に陥っています。ベンチャー企業は銀行の融資に頼ることができません。安全志向の株主は、スタートアップの投資を敬遠します。最適資本構成は、企業サイドから見ると、資本供給をする投資家を探索した結果であり、投資家サイドからは、自らの資本コストに鑑みて、資本供給に応じた結果です。

事業に最初に投資する「目利き」投資家

イノベーティブな起業家的投資案件は、資本調達に苦労します。若いエンジニアが数名で始める事業は、新製品や新サービスの開発といった意識はなく、趣味的な仲間内の遊びかもしれません。その活動が許されるのは、起業家自身の貯蓄や親のすねをかじった活動でしょう。学生時代の起業活動は、勉強をさぼって夢中に打ち込んだ成果かもしれません。そうした活動に没頭できる環境が整っていなければ学生時代の起業活動は成就しません。飲まず食わずでは、起業家活動を遂行できません。学生起業家の生存基金は、裕福な家庭環境の貯蓄（潤沢な内部留保）にあります。

面白い製品やソフトが出来上がると、これをビジネスプランとして事業化しようという意見が出ます。もちろん、事業化に興味を示さない仲間は、他の選択機会として就職活動を考えるはずです。起業活動は、閃きや発見、あるいは新商品やサービスを事業化しなければ意味がありません。

起業家が自身の貯蓄や家族の援助で始めた事業は、準備可能な生産要素が制限されています。起業活動の初期は、起業家の個人的能力や情熱を共有する投資家が必要です。しかし、初期の起業活動には、事業意識が乏しく、経営管理の知識も諸機能も整っていません。専門的知見を持った管理職のみならず、従業員の雇用にも苦労します。企業と取引する準備すら整いません。

家族や友人などの支援は、起業家の生活を賄うだけの生存基金です。起業初期段階の資本供給は、個人的な信頼関係を背景とした特別な人間関係に依拠しているのです。情熱的であっても、将来ビジョンや具体的な計画段階には至っていないかもしれません。しかし、起業活動が長期化するに従い、生活に困窮し始めます。いつまでも、家族や友人を当てにできません。資本不足の顕在化です。

特別な人間関係に裏打ちされた援助とは異なり、第三者である投資家の機会費用を考慮しなければなりません。類似の事業がないので、何も始まっていない夢物語を共有してもらう必要があります。しかし、どんなに丁寧な説明をしても、数字で示せない事業計画では、他の投資機会との比較ができません。客観的なデータの欠如は、保険数理の対象となるような確率分布が描けないため、他のリスク機会と比較できません。投資対象の選択機会を示せなければ、投資家は不確実性に対する無謀な意思決定を迫られることになります。

もちろん、起業家の活動の多くが、一か八かのような意思決定では、社会を持続させることは困難でしょう。起業内容を表す適切な言葉が存在しない場合には、特殊な技術的知識や経験に基づく起業活動を理解できる「目利き」[3]の投資家が必要になります。

資本コストを低下させる「目利き」能力の組織化

ベンチャー企業に出資する最初の投資家は勇気ある起業家的投資家です。しかし、事業アイデアを評価できる「目利き」能力のある人の関与がなければ、無謀な意思決定に代わりありません。ベンチャー企業の資本調達は、「目利き」投資家を探索するコストと不確実性に対する報酬が必要になるため、資本コストは高くなります。

しかし、株式会社と資本市場という制度設計が資本コストを下げるように、狡猾な投資家はベンチャー企業の資本コストを下げる（価値を高める）仕組みを工夫します。ベンチャー企業の将来キャッシュフローは予測できないものの、破綻事業は夥多なるデータの経験値と稀有の成功例があります。株式会社の投資案件ですから、失敗は有限責任であり、成功は無限大の可能性があります。その結果、宝くじのように、ごく僅かな極端に高い報酬の当たりくじと、非常に多くのはずれくじを想定した分布が描けます。平均投資収益率は、当たりくじによって押し上げられていますが、ほとんどの人はゼロ近傍の収益でしょう。

宝くじと異なるのは、投資に関する情報や専門的な知識が意味を持つ点です。投資家の判断は、起業家のユニークなアイデアや特殊な技術などを理解できる「目利き」の能力に依拠します。アニマル・スピリットのような勘が冴えるとき、投資家は起業家の閃きに資本を供給します。しかし、勘に頼るだけでは無謀な投資家と同じです。

ベンチャー企業への投資主体は、起業家的投資家です。起業活動は生産活動ですから、生産要素が必要です。起業活動に勤しむ人間は、知恵と技術、それに肉体的な労働力を提供し、起業家的投資家は不確実性に挑戦する起業活動に資本を供給します。生産要素の供給が市場競争を介して行われるように、起業家的投資家も競争市場で資本を供給しています。競争に生き残れる投資家は、緻密な計算と情報収集力をもつ狡猾な投資家です。多数のベンチャーへの分散投資により、勘を超える収益を実現するのです。

しかし、起業家的投資家自身が「目利き」である必要はありません。「目利き」能力を買い、「目利き」能力を組織化して投資できれば、ベンチャー企業への資本コストを引き下げることができるのです。ここにも組織内分業と市場の競争があります。

いずれにしても、起業家的投資家が存在しない限り、起業は始まりません。知識や技術を提供する本人が、寝食を惜しんで起業に邁進すれば、本人自らが起業家的投資家になっているのです。しかし、起業家個人の生存基金には限りがあります。

模倣投資家の参入と起業家利潤

起業草創期のシードラウンド（Seed Round）は、未だ起業には至っていない状況や起業して間もない状態です。このような時期には、状況を冷静に分析する客観的データがありません。狭い人間関係に依存した投資の可否判断は、家族や友人の愛情に支えられた資本供給や数人の投資家の勘に委ねられます。投資評価は、起業家である経営者の能力と情熱、やる気といった数値化の困難な主観的評価となります。起業家の個人的資質に依存した人的資本関係の構築です。それは企業価値を計算する市場取引というよりは、贈与のような性格も含まれています。

少人数での起業活動ですから、その生存基金としての資金は少額です。エンジェル（Angel）投資家といった個人の富裕層やインキュベーター（Incubator）といった組織がイノベーションの種を育てます。「目利き」の投資家が出資すると、その情報は、他の投資家の安心材料になります。事業の実現可能性に関する期待が高まり、「目利き」投資家の後を追って、人的関係のない投資家が参入します。起業活動を成長させるシードアクセラレーター（Seed Accelerator）などの関与です。このプロセスで、資本コストは漸次低下することになります。資本コストの低下は、リスク回避度の異なる投資家の参入でもあります。

起業家的事業への第三者の資本参入は、リターンを求める投資家です。試作品やテスト販売ができるようになると、徐々に顧客情報を共有できるようになります。顧客の反応が把握できるようになると、霧に包まれた状況から晴れ間が現れ、不確実性の軽減を実感します。専門家しか理解できない商品情報は、広告や宣伝に使われるような顧客目線の商品情報に転換されます。売上の実現段階では、商品に対する多数の顧客評価を認知できます。商品の市場規模の拡大が、同時に投資家の階層に変化をもたらします。自然人である商品の顧客は、同時に投資家にもなるわけです。「目利き」の投資家から、顧客と同じ土俵の投資家に広がるのです。

ベンチャー企業への出資を募るには、事業が稼得する将来キャッシュフローの実現可能性を詳細に説明しなければなりません。会計情報の蓄積がないので、商品開発までの道のり、他者（社）との契約や製品やサービス内容を具体的に説明しなければなりません。ビジネスプランの説明段階です。投資家は、顧客の立場で商品価値を検討し、主観的に将来キャッシュフローを予想します。この情報交換は、起業家と投資家が相対で行うインサイダー情報が中心です。

売上などのデータが蓄積するようになると、商品の特性から他の投資対象と比較すべき機会選択の基準が求められます。事業化した後は、物語的説明から収益と費用という財務諸表上の客観的数値に置き換えられ、不特定多数の投資家の機会選択の材料となります。「目利き」による評価や人的関係による資本供給が、徐々に客観的評価に変化し、共通尺度で評価できる準備が整いつつあることを意味します。

ベンチャーキャピタルなどの機関投資家は、投資の運用が目的であるため、投資実績を上げるために経営アドバイスなども行い、出口戦略を考えた投資をします。新規株式公開（Initial Public Offering：IPO）では、証券会社が関わります。IPOは、起業家による閃きが最終的な実現段階に近づいた状況です。事業の上場により、資本コストは資本市場における客観的な価格となります。夢物語は、標準言語である会計数値や株価で話せるようになるのです。

イノベーションには、発明・発見、刷新や革新、そして、その普及という一連のプロセスがあります。J・A・シュンペーター（Joseph A. Schumpeter：1926）が経済発展として捉えた起業家の活動です。新商品やサービスが普及して、一大市場になれば起業家利潤は莫大なものになります。しかし、そのプロセスを維持するための生存基金は、起業活動の萌芽期と成長期など各段階でリスクも金額も異なります。資本供給者は、起業活動の各段階に応じて異なる特質を有するはずです。

マーシャルの時間概念を思いだしてください。短期と長期は、リアルな時間の感覚があります。ベンチャーが起業するとき、最初に資本供給者となる人は少なく、集まる資本もわずかです。資本供給は固定されていると考えることができます。非弾力的な供給曲線です。事業が不確実性からリスクに変化し、確率分布のようなイメージが作られるようになると、資本供給者の人数が増え、金額も増えていきます。投資家はリスク（資本コスト）に応じた資本供給をすることになります。資本需要者である起業家は、創業間もない時には、資金不足に悩まされる資本コストの高い状態にあります。時間が経過し、第三者からの資金調達が可能になると、資本コストの低下を実感できます。第三者によるリスク評価の変更によって、資本供給曲線がシフトしたのです。

新規事業は、特定の資本供給者との個別交渉で始まります。そして、不特定多数の市場取引の段階になると、相対取引で資本を供給してきた起業家的投資家は、事業に固有の特殊な言語を市場の標準的な共通言語に切り替えていきます。金融資本市場は、投資家の機会選択の場ですから、今後の企業戦略などを他の投資機会と比較可能な標準化された数値で開示しなければなりません。このプロセスで、先行して出資した起業家的投資家は、起業家利潤を獲得するのです。

利潤分配と起業家的投資家の取り分

本人や家族の資本で創業した起業活動は、第三者の私有財産の投入によって事業の継続と成長が実現します。それは、創業起業家が抱く将来キャッシュフローが第三者に承認されたことを意味します。

第三者が出資する理由は、起業家の夢に共感することもありますが、基本的には投資機会として選択したのであり、慈善事業への出資ではありません。投資家は、私有財産を高めることを考えています。先行投資する「目利き」の投資家は、追従する投資家を誘い込むことで起業家利潤を享受します。

「目利き」投資家の起業家利潤は、追加の資本調達のたびに増加します。「目利き」投資家の出資情報により、新たな資本供給者が登場します。事業に対するリスク評価が変化し、資本コストが低下するためです。新たな資本供給者が登場するたびに、その過程で創業者や「目利き」投資家の起業家利潤を増加させていきます。先行して出資した投資家の利潤は、遅れて参入した投資家により増加するのです。

起業家は、1000万円でスタートした事業が、毎年1億円以上の期待キャッシュフローを稼得するという夢を描いています。起業家自身の出資が100万円（1株10万円の株式10株所有）であれば、「目利き」投資家から900万円を調達しなければなりません。1000万円を確保しなければ、投資計画は実施できません。

一般的投資家が躊躇する不確実な事業でも、「目利き」投資家は900万円の出資が数億円以上の価値に膨れ上がる可能性を感じたとします。しかし、事業に精通した「目利き」投資家は、情熱的な起業家とは異なる冷静な意思決定をします。毎年の将来キャッシュフローは1800万円と控えめな予想です。発行した新株90株の増資を引き受け、900万円を投資しました。株価は10万円ですが、「目利き」投資家は、主観的な資本コストとして30％を想定しています。つまり、現段階では総額1000万円の投資に対し、その事業価値は6000万円（1800万円÷0・3）、1株当たりの株価は60万円と評価しています。

もちろん、「目利き」投資家が出資した時点の主観的評価です。「目利き」投資家の出資により、事業の実現や成長期待が高まると、ベンチャーキャピタルなどの機関投資家も出資に前向きになります。新たな人材の雇用や生産設備の購入資金が必要になり、機関投資家が３０００万円の増資に応じるとしましょう。「目利き」投資家が想定した1株60万円で50株の新株を発行できました。事業に投下された総資本は、４０００万円です。この時点で、創業起業家や「目利き」投資家は、起業家利潤を実感することになります。企業価値の増加は、私有財産の増加です。

しかし、ベンチャーキャピタルなどの機関投資家は、さらなる出口を求めて投資しています。機関投資家の主観的な評価は、総投資額４０００万円の事業が毎年４０００万円のキャッシュフローを稼ぎ出すと考えています。

他の投資機会と比較した資本コストは20％と想定しているため、毎年期待される将来キャッシュフロー４０００万円の現在価値は2億円になります。発行済み株式総数は１５０株ですから、1株あたり約１３３万円という評価になります。機関投資家の主観的評価では、出資した３０００万円の価値は、約６６６７万円になります。つまり、正味現在価値（ＮＰＶ）は、およそ３６６７万円です。

創業起業家の思惑通りになることは稀です。ベンチャーキャピタルも、出資した案件が買収や上場に至らなければ、超過利潤であるＮＰＶは獲得できません。事業として継続できる状態を維持できても、将来の期待が萎み、総投資額４０００万円の事業が稼得する将来キャッシュフローの予想が４００万円に下方修正されれば、投資収益率は10％でしかありません。この新たな投資家が、この事業の投資収益率を資本コストと見なせば、その価値は投資額に一致します。株価は、約26・7万円に低下し、機関投資家は損失を被ることになります。

一方、期待通りに毎年4000万円のキャッシュフローが実現したとしましょう。さらに売上の成長が期待され、IPOをすることになりました。新興市場の投資家は、上場基準をクリアしたことで、この企業に対する資本コストを10％に評価したとします。

将来キャッシュフローの予想が4000万円のままであっても、企業価値は4億円に上昇します。売上の成長期待から4000万円の増資を行い、従業員を増やし、資本設備に投資することで、毎年の将来キャッシュフローは5億円以上になりそうです。企業価値は50億円になります。

創業起業家や「目利き」投資家、そしてベンチャーキャピタルは、どの程度の起業家利潤を享受できるのでしょう。発行済み株式総数N、新株発行数M、そして新株発行時の株価Pとすると、（N＋M）P＝50億円という予想です。N＝150株、そして新株発行で必要な増資額MPは4000万円ですから、150株×P＋4000万円＝50億円となり、新株発行時の株価Pは約3307万円になります。新株発行数Mは、わずか約1・21株ということになります。

創業起業家は、100万円の投資額が、約3億3000万円になりました。「目利き」投資家は、900万円の投資が約29億7600万円に、ベンチャーキャピタルは、3000万円がおよそ15億5000万円に増えました。

これらの起業家利潤は、創業者がIPOするときに莫大な富を手中に収めることから創業者利得とも呼ばれます。未だ実現していない将来利潤を一括先取りすることになります。創業者は、不特定多数の一般投資家の資金を梃子にして、巨額の創業者利得を受け取ることになります。それは、起業家の実業に対する報酬というよりは、私有財産を不確実性に投下した起業家的投資家の報酬なのです。

投資家が増加することは、大規模な事業を可能にしますが、それは資本コストが低下したからです。専門的な投資機関や提携などを目的とした企業からの支援は、起業家の主観的将来像が客観的な実像に迫ったことを意味しています。資本調達に成功したこと自体が、起業家にとっては重要であり、調達の実現が起業家利潤となるのです。

客観的には無謀と思える不確実性や高いリスクでも、成功した結果を見ると当たり前の現実になっています。不確実性やリスクの高い事業は、安全な投資先に変換されるのです。イノベーションを説明できる言語能力は、市場化できません。第三者である他人に伝えることができるのは、客観的な財務情報に収斂することになるのです。つまり、イノベーションという主観的で曖昧な言語が、市場化した言語に置き換わるプロセスで利潤が生まれ、共通言語化した時点で利潤機会は消滅するのです。

株式会社と金融資本市場は、資本コストを削減するための制度設計です。起業活動が株式会社として事業化し、上場することで利潤は最大化されるのです。

過去情報と機会選択

上場企業の株価は、資源配分のシグナルです。会計情報などの客観的数値情報と経営者やアナリストの予想に注目が集まります。その情報に基づいて、投資家は株式の売買を行います。しかし、財務諸表上の数値や経営者やアナリストの予想が直接株価を形成するのではありません。競馬や競輪に賭ける人は、過去のレースの実績や予想屋の情報を入手するでしょう。これらの情報は、参考情報に過ぎませんが、参考にする以上、情報の真偽は重要です。

経営者が虚偽の説明を行えば、投資家は疑心暗鬼に陥り、金融資本市場の資源配分機能は働かなくなります。少なくとも、嘘をつく経営者に資金を託すことはできません。私利私欲のために使われたら大損害です。

株式上場は、創業者や特定少数の投資家から不特定多数の投資家に変わります。人間関係のない投資家であり、経営にも直接関わりません。投資家は企業組織の外部者となり、経営者の情報を共有できないため、投資家を保護する仕組みが要請されます。上場基準のみならず、会社機関として、社外取締役や社外監査役などが求められるのです。こうした制度設計により、不特定多数の投資家が株を売買できるようになり、資本コストの低下に資するわけです。

自らが情報の真偽を確かめる「目利き」の投資家とは異なり、市場取引に参加する投資家は保護される立場になります。市場取引のルールや株式会社の経営機構が担保されることで、人的な関係を超えた不特定多数の資本を結合できるのです。インサイダー情報による不当な利得は否定され、利潤機会の情報は公平に開示されることになります。

成熟した企業の株式を取引する市場では、投資家は客観的会計情報に注目し、専門経営者自身も、企業内部の資源配分に会計情報を用います。しかし、投資家が会計情報に関心を持つのは、自らの機会選択とその結果を照合し、確認するためです。会計上の利益や損失の多寡ではありません。投資した企業が、自らの期待した成果を上げているか否かを確認しているのです。

投資家の関心は、自らが予想した会計情報に変更をもたらす新情報です。財務諸表上の利益や損失は、過去の情報に過ぎません。そもそも、分散投資している株主は、投資した会社の有価証券報告書を詳細には読まないでしょう。新情報が特定の銘柄の株価を上昇させるか否かに関心があるのです。しかし、有価証券報告者に虚偽があれば、投資家と企業の信頼関係は損なわれます。

いずれにしても、過去の情報から株価を予想することはできません。市場が過去の延長線上にしかないのであれば、社会の発展は見込めません。会計的な標準言語で説明できることで、投資家や経営者は、経営戦略とその実施を予想する言語を手に入れたのです。しかし、環境の変化と同時に標準言語で予想する個々の評価は多様な広がりを持ちます。投資家は、様々な環境変化の情報を財務諸表上の標準言語に換言して理解しようとします。そして、数値化された過去情報は、新たな内外環境に対応して変化することになります。

起業活動は、資源配分先に変更をもたらします。これまでの資源の流れに対して、新参者が資源を奪うことになるからです。新規事業の参入は、既存の資源配分の秩序を破壊し、市場価格の体系を再構築します。それは、これまでの人間関係や利害関係に変更を迫ることを意味します。資本資産の均衡価格は清算され、新たな価格に塗り替えられます。これは各事業の資本コストの変更を意味しています。会計情報による過去の延長線上での評価も無意味になります。

戦略変更と資本コスト

企業が誕生し、成長すると、徐々に事業の内容は変化します。多かれ少なかれ、事業の多角化が進むでしょう。企業の資本コストは、投資家が要求する必要最低収益率ですが、それは投資する事業に応じて異なります。多角化した企業は、異なるリスクの事業が結合しています。

経営者は、多角化することで、リスクの分散化が図れると考えるかもしれません。しかし、投資家は、特定銘柄の株式に集中的に投資するわけではありません。多くの投資家は分散投資をしています。そのため、企業が多角化によりリスク軽減を図ろうとしても、投資家は事業に固有のリスクを市場における分散投資によって軽減しています。つまり、投資家が各事業に要求する資本コストは、多角化には無関連ということです。

企業の資本コストは、企業が包摂する各事業の資本コストを加重平均したものとなります[4]。たとえば、6：4の構成比のA事業とB事業をもつ企業の資本コストは、A事業の資本コスト10％とB事業の資本コスト5％を6：4で加重平均（10％×60％＋5％×40％）した8％となります。

事業の選択と集中により特化した専業企業と多角化した企業の優劣比較は、企業単位のキャッシュフローの多寡を評価することになります。それはシナジーの有無です。同じように、複数事業を一つの会社で経営する場合や持ち株会社による経営、子会社や関係会社など、企業の統治構造も含めた経営効率を分析する必要があります。

大企業が新たな事業を立ち上げても、その事業の規模や企業価値に占める割合が小さければ、投資家の評価に大きな影響を及ぼしません。しかし、既存事業から新しい事業に転換する場合は、リスク評価が一変します。コンピュータのメインフレームなどを主力事業としていたＩＢＭは、90年代初めの深刻な業績悪化により、事業内容をハードウエアからソフトウエアに大転換しました。この転換に際して、多くの投資家が入れ替わったでしょう。ハードウエアにおける競争優位が失われたとき、ソフトウエアに将来を託す新たな経営者とこれを評価できる投資家に入れ替わったのです。

経営戦略の大転換は、投資家を困惑させるでしょう。既存のビジネスモデルを破壊して、新たなビジネスモデルを構築するというのは、成熟した上場企業の株主には評価できません。既存事業が黒字経営を続けている時の転換は難しく、変革を遅れさせてしまうのです。

事業内容の変化は、経営者と投資家を入れ替えます。理解してもらえる投資家を探さねばなりません。投資家の探索と説得には時間がかかります。事業内容の転換や新規事業への進出は取引コストが高くなります。取引コストが高すぎれば、戦略の変更は実現しません。所有と経営が一致する未上場企業は、こうした軋轢を生じることなく、事業転換や新規事業の起業を図れるのです。

バベルの塔を考える

株主の増加は、資本コストの低下と軌を一に進行します。事業の成長・発展と資本コストは、表裏一体の関係です。多くの投資家を引き込むことで、企業価値を増加させ、利潤の分け前を増やすことになります。

資本調達先の変化は、起業家の事業意識も変化させます。起業活動の詳細を説明し、第三者からの資本調達が実現すると、起業家は責任の重みを感じます。投資家は、それぞれに異なる期待を抱くため、求める情報内容も異なります。初期の投資家は、商品や技術の開発状況に関心があるかもしれません。「目利き」の投資家には、特殊な専門用語による相互理解が可能です。

しかし、事業が拡大し、資本調達先が増えるに従って、特殊な言語から財務諸表などの共通言語に変化します。専門経営者も、特殊な商品知識を有するわけではありません。携帯電話会社のトップが、自社のスマホの使い方を知っているわけではないのです。商品の知識と同じく、各職能や事業には固有の知識と技術が集結しています。これらを組織内の共通言語に転換しなければ、経営戦略上の意思決定ができません。さらに組織内言語は、市場の標準言語に変換しなければなりません。投資機会の選択は、比較可能な標準化した言語によって行われるからです。

経営者の意思決定範囲が拡がると、投資家との関係性も変化します。事業発展のフェイズに応じた投資家との関係は量的・質的に変化します。商品特性の技術的な内容から、商品を購入する顧客情報、従業員の雇用情報など、他の株式投資を視野に入れる一般投資家向けの説明になります。

多角化した企業のトップは、商品のみならず、個々の事業を詳細に説明できなくなります。経営者に集まる情報は、事業部門のトップが提供する限られた業務内容と財務諸表上の数値が中心となります。それは株式市場の投資家と同じ標準化した情報です。多くの投資家が参加するには、売上や利益などの客観的数値情報が必要になるのです。

起業家と投資家が共通の未来を描くのは難しいことです。少なくとも、相互に同じ将来像を抱いているか否かを認識する方法がありません。したがって、起業家が描く事業構想が独創的であればあるほど、資本調達は困難です。しかし、既存の事業であれば、商品内容を認識する言葉が準備されています。業種間で比較可能な会計データの蓄積もあります。成熟した企業は、言葉の蓄積が多いため、資本供給者はリスクを評価できます。経営者は、起業家の主観的な情報を組織内の共通言語に置換える役割を担います。起業家活動を言語化することで、管理可能な状況に転換することを意味します。

事業が成熟期に達すると、豊富なキャッシュフローが回収されますが、何もしなければ、組織は停滞し、衰退を始めます。企業を存続させるには、組織の新陳代謝が必要です。そのため、潤沢なキャッシュフローが回収される間に、事業ポートフォリオを分析して、新たな言葉を生み出す新規事業に投資することになります。異なる言葉を用いる人材が組織内に混在することになるのです。経営者は、再び組織内の標準語を作らねばなりません。

事業が多角化するに従い、経営者の事業内容に関する知識は希薄化していきます。それは組織内の言語が多様化し、経営者が理解できなくなるからです。従業員数や利害関係者の増加は、経営者の管理能力を超える多言語化なのです。経営管理コストは、市場の取引コストに対して相対的に上昇し始めます。聖書に登場するバベルの塔の逸話と同じです。

事業の閃きと組織の経営能力は異なります。資本と経営の分離は必然の帰結ですが、資本家は経営の発展段階に応じて異なります。組織内分業の効率性が市場の分業効率を上回る限り、組織の拡大は有意義な選択です。しかし、これを超えると企業価値を毀損することになります。

経営者の責任は、市場の取引コストと経営管理コストを比較し、前者が後者を超える状況のとき、投資を実施し、その一致時点で投資活動を停止しなければなりません。市場の取引コストと経営管理コストの一致は、企業価値最大化の組織規模を意味します。バベルの塔は、これ以上高くなりません。それは、限界的な投資収益率が資本コストに一致する組織規模なのです。

取引コストと資本コスト

上場は、特殊な人間関係が有する言語が客観的で物的な数値に置き換えられるときに実現します。上場すると、起業家の主観的判断は、不特定多数の投資家の判断を待たねばなりません。特殊な専門家しか評価できない質的な情報は、他の事業と比較可能な会計情報に置き換えられ、資本市場に参加する投資家は、その事業の将来の役割を評価できる特殊な投資家から多種多様な事業をキャッシュフローという共通尺度で評価する不特定多数の一般投資家に変化します。

起業段階では、多くの資本を必要としないため、事業の詳細は特定の投資家に説明すれば十分でした。ニッチな市場で事業を行う場合でも、調達すべき資本は限られているため、特定少数の投資家向け説明となります。調達すべき資本額と起業内容によって、投資家を選択することは取引コストの観点から合理的であり、資本コストを最小化する選択です。

投資家は、法人企業や個人企業への出資を選択できます。その取引方法も、特定少数の相対取引から不特定の匿名市場の取引を選択できるのです。株式市場が整備され、会計監査や業務監査などの制度が整備されると、投資家の取引コストは低下し、投資の機会選択機会は広がります。分散投資が広範囲に可能になることで、未上場の株式やリスクの高いベンチャーへの投資も選択機会に含まれるようになります。

分散投資の機会が存在すれば、未上場の起業家的投資計画も分散対象となり、不確実な事業の資本コストも下がります。しかし、流通市場が成立しない事業は、売買希望の投資家の探索や売買交渉の取引コストが高く、投資資金が拘束されることで資本コストは割高のままです。中小企業経営者が、苦労するのは、こうした取引コストにあります。それでも、フィンテック（FinTech）と呼ばれるような新たな金融技術がこうした零細な資本調達の問題を解決するでしょう。

[注]

（1）質の異なる商品市場の価格モデルと同じく、リスククラスに応じた資本資産の価格決定モデルを作ることができます。この代表はモジリアーニとミラー（Modigliani, F. & Miller, M.H.）の１９５８年ＭＭ論文です。ＭＭは、一定のリスククラスに分類可能な投資家の存在を暗黙裡に仮定しているようです。一方、リスククラスという仮定を設けずに、リスクとリターンの市場における一般均衡分析をしたのはＣＡＰＭです。

（2）ペッキングオーダー（pecking order）理論は、Myers and Majluf（1984）および Myers（1984）が、内部留保にはじまり、借入、新株発行という資金調達の序列化を経験則から構築した仮説です。

（3）「目利き」投資家に「　」を付けているのは、真価を知る投資家は誰もいないということを意味しています。米国では、ＳＰＡＣ（特別買収目的会社）という事業実態を持たない資金調達の仕組みが上場し、投資家から多くの資金を集めています。投資家に代わり、「目利き」が有望な会社を見つけることを約束し、その買収目的で資金を調達します。

（4）事業の種類に応じた資本コストの加重平均は、Haley, Charles W. & Lawrence D. Schall（1973）に依拠しています。

第12章　非科学的な閃きを科学的に考える
——均衡価格と起業家精神——

主観的評価としての投資の経済計算

投資の可否判断に関する経済計算は、ＮＰＶ法やＩＲＲ法が基本です。ＮＰＶ法は、投資が稼得する将来キャッシュフローの現在価値と投資額を比較します。起業家の提案する将来キャッシュフローに投資家が資金を供給します。つまり、重要な予測は、将来キャッシュフローなのです。

ＩＲＲ法は、将来キャッシュフローと投資額を等しくするＩＲＲと資本コスト（ｋ）を比較し、IRR≧kの投資案を採用します。これも将来キャッシュフローの予測次第です。帳尻が合うように、鉛筆をなめなめキャッシュフローの数値を代入すれば、どのような計算結果にもなります。提案者の自信や狡猾さが数値に表れることになります。

いずれの経済計算も、現在と将来を結ぶ橋渡しに資本コストの計算が必須の要件になります。異時点間の取引ということです。しかし、資本コストは、各自の主観的な時間選好とリスク回避度を反映した値です。経営者が想定する資本コストを株主に共有させることが重要になります。

現在の延長線上で捉えることができる預金の元利合計は、時間の経過に伴う計算です。そして、時間の経過は、不確実性やリスクを伴います。標準化した作業の延長線上であれば、仕事の達成度を予見でき、一定の経験値から期待値を計算できます。モジュール化が進んだ生産活動はマニュアルに従って計画でき、順次実行されていきます。

しかし、起業家は、標準化していない仕事を発見します。市場化していない仕事は、マニュアル化されておらず、分業過程を細分化するようには捉えられません。一連の生産活動を特定の起業家もしくは起業家グループが担うことになります。それは、モジュールの結合とは異なり、試行錯誤を伴う擦り合わせ的な時間のかかる仕事です。

起業家は、こうした時間のかかる生産活動を探索し、擦り合わせの生産活動を標準化し、生産時間を短縮化する過程で利潤を享受します。美味しい料理を提供するために、地方の食材を探し周り、シェフお薦めの一品料理が完成したとしましょう。しかし、その料理は目の飛び出るような価格になります。トヨタのハイブリッドカーは、コストを度外視した価格を設定しました。ニーズを捉え、量産できなければ、累積赤字を抱えることになったでしょう。試作段階の燃料電池車のコストは、普通の人が購入できるものではありません。

手の届かない価格を市場で取引できるようにするのは、分業の仕組みを作ることであり、その構造を標準化することです。魅力的な投資先は、資本参入が進み、同時並行的に標準化を進展させます。あるいは、標準化の過程で資本が参入し、経営管理能力の向上と生産時間の短縮化に結び付くのかもしれません。

標準化した作業になれば、企業の稼ぎ出す将来キャッシュフローは、推定値と誤差で説明されます。経営者と株主は、説明することなく同じ資本コストを共有できます。それは、リスクの変更を伴わない更新投資の意思決定に生かされます。同じ事業を継続する場合の意思決定です。しかし、実際には、完全な更新投資はありません。ほとんどすべての投資プロジェクトは、合理化の目的や規模の拡大など、将来キャッシュフローに影響を及ぼしますから、大なり小なり起業家的意思決定となります。

起業家的要素を含むキャッシュフロー予想は、NPV法やIRR法で説明する場合でも、多様な投資家の洗礼を受けることになります。投資提案の可否は、株価を観察しなければなりません。多数の株主がNPV≧0もしくはIRR≧kと判断した場合には、提案前の株価が上昇します。

将来キャッシュフローを説得力のある方法で説明できなければ、投資計画は実施できません。客観的な数値データがないため、起業家的内容を含む投資計画の採否は、経営者や投資家の閃きのような決断に委ねられます。経営者と投資家が投資の価値（資本コスト）を共有できなければ、NPV法やIRR法の意味はありません。将来キャッシュフローを言語化できなければ、投資の経済計算は意味を持たず、株価が下がれば計算結果は誤りとなります。

循環論の経済計算を言語化する

新古典派的な均衡市場の枠組みで論じられる資本資産価格理論は、起業活動のライフサイクルに応じた投資家の相違を認識できません。均衡市場では、すべての投資家が同じ能力を有しているという暗黙の仮定があります。情報の収集と分析能力が同等の合理的投資家の市場です。完全な金融資本市場では、起業活動のフェイズに関わらず、すべてに共通の投資家が仮定されます。投資家は、将来キャッシュフローの予測を行い、これを資本コストで割引いて資本資産価格を計算します。しかし、資本コストの値は、資本資産の価格が決まらなければ計算できません。この議論では、卵とニワトリの議論のように、循環論に陥っているのです。

資本資産価格は将来キャッシュフローの予測に基づいており、両者を結び付ける資本コストは単なる媒介変数です。将来キャッシュフローと資本コスト、そして資本資産価格は同時に決定されるという均衡理論です。資本コストが先に決まり、資本資産価格を導くという因果関係はありませんから、価格予測の操作性のある理論ではありません。当然ですが、資本コストの測定を前提とするＮＰＶ法やＩＲＲ法も、循環論の罠にはまっています。

投資を決定する上で重要な対象は、将来キャッシュフローです。既述のように、起業活動は、その実現プロセスに応じて異なる投資家の評価を受けます。起業活動が萌芽期、成長期、成熟期と進むプロセスで、起業家および経営者と投資家の関係は変化します。将来キャッシュフローの予想が、徐々に確信に近づき、投資家層が広がります。特定少数の起業家的な投資家から不特定多数の一般的投資家による評価プロセスで、先行した投資家は起業家利潤（超過利潤）を享受するのです。それを不確実性に対する報酬と考えることもできます。

起業家および経営者は、投資家を説得するためにＩＲ（Investor Relations）活動を行います。それは、起業家が主観的に予想する将来キャッシュフローの説明です。投資の経済計算の言語化です。既に開業している事業でも、予想キャッシュフローの説明は難しい作業です。内外の環境変化を適切に予測しなければなりません。過去のデータが存在しない新規事業は、投資の経済計算を言語化するキャッシュフローの説明により、投資家を納得させることが必要なのです。

起業の初期段階におけるＩＲ活動は、人的な狭い関係性から始まり、徐々に投資家の範囲を広げます。この交渉過程で起業活動の評価が確立され、利潤と損失が実現します。それは、投資家による資本コストの探索的プロセスであり、資源配分を変化させる活動になります。均衡価格は、資源配分が決定した価格ですが、企業の投資活動は新たな資源配分をめぐる投資家の争奪戦です。起業家や経営者は、言語化した経済計算により投資家を自社に誘導するのです。数字だけの経済計算は、擦り合わせ的な投資活動を評価できません。言語化するＩＲ活動が重要になるのです。

情報を織り込む均衡理論

投下した資本と将来キャッシュフローの比較は、主観的な予想でしかありません。不特定多数の投資家が評価する場合でも、各自は主観的に評価するか、誰かの評価にただ乗りすることになります。

各時点での株価は、売りの注文と買いの注文が一致した価格です。その価格で取引が成立したという事実にすぎません。売手は株価の値下がりを予想し、買手は株価の上昇を期待したはずです。市場で成立した株価は、客観的予想と見なされますが、その株価は正反対の予想の上に成立したのです。

現実の取引を前提として、これを抽象化することで理論が作られます。抽象化の程度が高まれば説明変数が絞り込まれ、無駄を排した簡潔なモデルとなります。CAPMは、期待値と標準偏差という2パラメータによる簡潔で美しい理論モデルです。しかし、現実への応用段階には、インプライド資本コスト推定モデル(1)などで操作性に対応するかのように装うことになります。裁定価格理論(Arbitrage Pricing Theory：APT)のようなファクターを追加したモデル(2)も、任意に選択したデータで帳尻合わせをします。

すべての利用可能な情報が完全に市場価格に反映されているという効率的資本市場を想定してみましょう。株価モデルは、いずれのファクターを用いても正しいと考えるべきでしょう。株価に影響を及ぼすすべての情報は、モデルに採用された変数に織り込み済みになります。

しかし、株価もしくは資本コストを説明するモデルとして正しくとも、株価や資本コストを予想するモデルではありません。価格を予想する操作的理論にはならないのです。なぜなら、将来キャッシュフローの予想は、新たな情報によって変化するからです。織り込み済みの情報は、現在時点の均衡価格を成立させますが、その均衡価格は成立した段階で過去情報となり、新たな情報が新たな均衡価格に反映されることになります。

実際のところ、完全な効率的市場は存在しません。情報が常に変化するため、瞬間的な価格であっても、すべての情報を織り込むようなことはありえません。そのため、モデルが計算する市場価格と実測値には、残差があります。これがランダムであれば、株価を説明するファクターとしては相応しいモデルと言えるでしょう。

しかし、ランダムでなければ、説明すべきファクターが残されていることになります。利潤を追求する狡猾な少数の投資家は、このファクターを嗅ぎ付け、売買を繰り返すでしょう。そのプロセスは、均衡価格の探索活動です。裁定機会を探索する投資家たちが利潤を貪るのです。この考え方には一定の説得力があり、(3) 均衡を模索するオーストリア学派の市場観にも通じるところがあります。

効率的市場仮説は、常に市場価格が需給均衡価格にあり、それが資源を最適に配分する「正しい価格」であるという暗黙の了解があるようです。「正しい価格」を事前に知る投資家がいれば、裁定取引によって効率的市場が実現するというのは循環論法です。「正しい価格」は、不特定多数の市場の需給によって決まるため、参加者の誰もが事前には知らないはずです。誰かが「正しい価格」を評価して取引を開始するという前提は、効率的市場仮説の否定です。しかも、取引時点の将来予想は、取引双方の投資家が全く逆の方向性を向いているのです。

均衡市場における資本コストの意味

「正しい価格」か否かは別にして、投資決定の尺度となる価格は、どの時点の価格を意味しているのでしょう。資本資産の均衡価格は、期待が一致した価格とされます。しかし、市場が開かれている限り価格は常に変動しています。期待が不一致であることで、新たな売手や買手が登場し、取引は継続的に行われ、流動性が維持されるのです。

ある均衡価格が一定期間持続すれば、その期間中は資源配分に影響を与えるような情報の受発信がなく、取引が停止した状態になります。価格が静止する原因としては、情報の遮断や取引手数料などの摩擦的要因もあるでしょう。しかし、市場価格が動かなければ、経済の発展や衰退という新陳代謝のない社会となります。資源の流れに変更が生じません。

特定の投資家は、自己の評価する価格が「正しい価格」と信じるとき、売買を行います。その投資家は「目利き」の投資家であるかもしれません。あるいは、単純に投資評価に過剰な自信を有する投資家かもしれません。新たな売買を行う投資家は、現在の市場価格が間違っていると考えているのです。こうした売買取引の結果が効率的市場における均衡価格となるのですが、インサイダー情報を有する投資家であっても、上昇するか下降するかといった株価の方向性を確信しても、株価がいくらになるのか、という予想は難しいでしょう。

投資家が取引をするのは、新たな情報を入手できるからであり、現在の情報に変化がなければ、取引を行わないでしょう。もちろん、人間の生活圏では、情報のない世界はありません。資本市場は、最適資源配分を求めて価格の改定を繰り返しているのです。均衡価格が変化し続けることになれば、循環論法で求める資本コストの測定も変化し続けます。

効率的市場では、情報が改定されるたびに、株価と資本コストを変化させます。投資計画を策定している時点の株価と資本コストは、投資計画を開示する前の将来キャッシュフローに基づく投資家の評価であり、投資計画を開示した後の株価と資本コストは新たな情報に反応した投資家による評価です。このように考えると、投資の経済計算は、事前の評価ではなく、事後的な説明しかできません。

効率的市場は、裁定機会の消滅した瞬間を描写する静学的市場です。新しい情報が入手した瞬間撮影です。それはフリッツ・マハループ（Machlup, F.）が主張するように、測定を目的とする操作性を付与した理論ではないのです[4]。

最適資源配分が可能になるような条件を与えた上で、財・サービスの需給均衡価格を説明することと、条件が変化する現実の市場の価格は予想できません。同じように、所与の情報に基づき、資本市場における最適資源配分の条件を設定すれば、資本資産の均衡価格は説明できます。しかし、情報が変化する現実世界では、資本資産価格は予想できません。予想できるとすれば、効率的市場ではなく、効率的市場であれば、努力しても予想できません。

投資の経済計算による危険な判断

すべてのモデルは、一定の条件下で意味を持ちます。そのため、検証期間を変化させると、結果は異なる意味を持つのですが、モデルの利用者は、暗黙裡に事象の確率が一定であるようなエルゴード（ergodic）性を前提としているのです。しかし、昨日１０００円の株価が今日１２００円になるとき、この株価の変化は資本コストの変化なのか、将来キャッシュフローの予想の変化なのか、あるいはモデルが織り込み済みの一定の確率的変化なのかが分かりません。

株価は、将来キャッシュフローの変動を読み込んで現在の株価を成立させています。値上がりと値下がりは、株価に織り込まれたボラティリティの範囲かもしれません。もし、想定内の株価変動であれば、資本コストに変化はありません。しかし、将来キャッシュフローに関わる新たな情報があれば、資本コストの変化も伴うでしょう。(5)

こうした状況を考えると、均衡理論に基づく推定は、実務に応用できません。過去のデータは、新たな事業プランとは無関係であることを認識しなければならないのです。資本の評価は、将来の最終的な消費財の価格に依存しています。その消費財の価格は、個々人で異なる評価をしており、在庫の増加や品不足を繰り返しながら、均衡価格を模索しています。現在および将来の消費財価格が資本資産の価格を決めるというのが均衡理論です。それは、市場を立体構造で認識する鳥瞰図であり、予想モデルではないのです。

この理論の本質を理解すれば、投資の経済計算を実務へ応用することは困難です。資本コストを算定して、将来キャッシュフローを割引くという資本資産価格の評価手順はテキストの内容を理解させるための手引書ですが、実際には、将来キャッシュフローの予想と資本コストおよび資本資産価格は、市場参加者による同時決定です。ある銘柄の株に人気を集めれば、株価は上昇するでしょう。それは、その株式の配当などのペイオフの増加や確信度の高まりであり、資本コストが下がったことと同義なのです。

投資の経済計算は、起業家の事業活動を事前に評価し、投資の可否を決めます。繰り返しの説明になりますが、効率的市場には、事前と事後の区別がありません。起業家的事業に関する事前の資本コストの測定は、事前の投資価値の測定ですから、これは循環論法なのです。過去もしくは現在の資本コストを新たな投資計画の評価に用いるのは誤りであり、無意味な計算であるだけでなく、危険な判断をすることになります。これは市場均衡理論に基づく投資評価の限界です。

「見えざる手」は、個々人には将来を予見できないという意味を持ちます。個々の商品価格が市場全体の価格によって左右されるのであれば、市場の価格をすべて予測する経済計算が必要です。この計算を可能にする実験室を設けることができたとしても、計算結果が意味を持つのは一瞬です。人間の欲望が変化することで、人間を取り巻く世界も変化し続けるからです。

財務諸表データを用いる過ち

投資計画を評価する上で重要なのは、将来キャッシュフローの予測です。起業家は、将来キャッシュフローの予想に基づいて生産要素を調達します。このとき、起業家が購入する生産要素の主観的価値は、市場価格を上回っています。起業家は、労働力や経営能力と物的資産を結合することで市場価格を上回る企業資本の価値を実現しようとしています。

起業が成功して上場することになると、主観的な起業評価は、不特定多数の客観的企業評価に変化します。客観的評価が主観的評価より「正しい」評価であるとか、「真の価値」ということではありません。起業家の将来キャッシュフローに対する主観的評価が、不特定多数の投資家の客観的評価に昇華したのです。それは、狡猾な起業家のＩＲ活動により、投資家の評価が誘導されたのかもしれません。

しかし、それだけではありません。上場は制度的に投資家の取引コストを低下させます。投資家にとっては、有限責任制だけでなく、譲渡自由な株式制度と分散投資が相まって、投資しやすい状況を作ります。未上場の株は、簡単に売買できません。機会選択の対象として、類似のリスクとリターンの株式を探すことも困難です。同一の起業プランでも、上場することで調達できる資本額が増加するのです。それは、取引コストの相違です。

上場した株価は、将来キャッシュフローの期待が同一であっても取引コストの削減によってプレミアムを受け取ることになります。企業のビジネスプランは、その実体が変化しないにもかかわらず、上場によって価値が上昇するのです。株式会社は、虚構を創造する仕組みが内包されているのです。

起業家が主観的に評価していた株価純資産倍率（Price Book-value Ratio：PBR）が、上場によりPBR>1として顕在化することになります。それは投資家が株式会社と株式市場の制度上のメリットを享受するからでもあるのです。このとき、過去の投資額は、連続的な成長線上から離れ、まったく新たな成長曲線にシフトします。情報の変更と同じく制度条件の変更により投資家の資本コストは低下しました。

株式市場が整備されると、投資家の情報環境も変化します。企業の開示する情報は、不特定多数の投資家が利用できるように工夫され、特殊な専門用語から標準化した言語情報に変わります。専門的な製品やサービス、そして競争環境で必要な技術内容は、投資家にわかりやすい財務諸表の数値に換言され、他の投資機会と比較可能な情報となります。

しかし、財務諸表上の情報は、あくまで標準化した共通の情報です。客観的な手続きで計算された情報であり、決算情報は一定期間の取引の結果です。起業家や経営者の主観的な予想は、同じ手続きで計算された会計情報であり、会計情報に基づき評価する投資家は技術的な専門的知見を持っていません。

技術進歩が顕著な時期には、新規の事業が急激な成長を経験します。他方で、技術進歩は既存の技術の陳腐化を早めます。ＩＴ関連機器は数年で1／10どころか1／１００まで減価しています。取得した知財の価値は無価値になるだけでなく、撤退の時期を誤れば、赤字の原因にもなります。企業価値は、環境変化を反映して乱降下します。

技術進歩の評価は特殊な専門的知識を必要とするため、共通言語である会計情報からは理解できません。技術情報に長けた「目利き」投資家が、企業価値の分析能力を発揮し、不特定多数の投資家を誘導できれば、市場の資源配分機能は有用な働きとなるでしょう。

財務諸表の情報は、「目利き」投資家の知見を反映しません。それゆえ、将来の資源配分には無能です。「目利き」投資家の知見を含む、すべての情報を織り込んだ効率的市場であれば、過去の財務情報は必要ありません。将来の資源配分は、過去情報の完全な清算に基づく機会選択です。今期の決算と未来の決算は延長線上にはありません。過去に黒字であっても、その情報は将来には繋がりません。

財務諸表上の資産価値や純利益は、将来キャッシュフローの予測とは無関係です。過去の財務諸表データが将来に繋がるという期待は、均衡理論を実務に応用するのと同じく、誤った投資判断となるでしょう。その典型例は、ＲＯＥと株主資本コストを比較するエクイティ・スプレッドです。

準レントの源泉

急速に進展する技術進歩の時代になると、資本資産価格の評価は、固定的な生産設備から無形の人的資本に重点を移すことになりました。財務諸表上の記載が難しい資本蓄積が進んでいるのです。社会における貯蓄が増加するなかで、大規模な資本設備の所有は競争優位の源泉ではなくなりました。機械と単純な労働力の組み合わせではなく、新たな製品やサービスを提案する起業家の評価や経営管理のノウハウといったビジネスプランが企業価値を左右します。

ユニークなビジネスプランは、知的資本として認識され、投資家の評価対象になってきたのです。それは、有形固定資産の建設期間以上に長期にわたる参入障壁となることがあります。ＩＴ関連企業のプラットフォームは、無形の参入障壁の事例です。長期のリターンを期待できれば、知的資本は財務諸表上の記載がなくとも、無形の固定資産ということになります。

有形・無形の資本形成は、過去の労働力から生産されたものです。リターンを稼ぐ期間は、競争条件などの環境変化により異なります。有形固定資産は、物理的な価値の減耗だけではありません。機械設備や備品、その他の建造物は、これを操作する労働者の技術力や経験が重要です。その形態や特質が把握されると、ライバル企業の参入によって相対的価値を低下させます。人々の特殊な知識や技術も、企業内外の研究や教育活動などにより、学習され一般化することでその価値が失われます。

市場の競争状況とは、他者との相対的関係です。多くの競争者が参入し、模倣されると、過去の労働力の成果が見直され、有形・無形の資本価値は減価することになります。価値が減耗しない模倣困難な無形資本は、参入障壁を構築するため、供給は非弾力的になります。需要さえあれば、リターンを独り占めできるのです。

それは、供給が固定された土地の地代（rent）と同じようにリターンが決まるため、準レント（quasi-rent）と呼ばれます。経営戦略論などでは、こうした参入障壁の構築方法が研究対象となります。しかし、それが社会的な利益に適わないとなれば、独占禁止法で排除されることになるのです。

問題を解決できる人が世界に1人だけであれば、その問題解決の報酬は需要により決まります。こうした独占は、ある種の自然独占です。ＡＩ技術が必要であれば、その知識や技術を有する人材は、一定期間にわたり希少な存在となります。ＡＩ人材が育成されるまでの期間、彼ら・彼女らは準レントを受け取ることができるのです。しかし、大学やその他の機関による人材育成が進み、コンピュータのプログラムやＡＩが代替するようになると、準レントは消滅します。超過所得を得ていた専門家は、その価値を平均値に押し下げることになります。高度に専門的な知識が必要な人材も、供給が増えれば低賃金を受け入れざるを得なくなります。

企業は、基本的に資本と労働の結合による生産主体です。単純労働は極めて流動的ですが、知的労働は知的資本と結合しながら、生産活動を行います。過去から蓄積した知識や技術を生かし、その結晶としての高度な設備やシステムを操作するのも知的労働です。環境が急変した場合、こうした知的労働は柔軟に対応できません。一定期間にわたり、知的労働は非弾力的であり、その参入と退出は簡単にはできません。

企業の評価は、参入が非弾力的な固定的生産要素の存在が意味を持ちます。すべての生産要素が可変的であれば、ストックの意味はありません。企業価値が企業組織の抱える知的資本や知的労働によって変化するのは、生産要素がストック化しており、このストックのフロー化を投資家が評価しているのです。新規の技術が登場すると、過去の知的資本や現在の知的労働の価値が陳腐化します。「目利き」投資家は、起業家となる人間を観察し、準レントを維持できる人材を発掘しているのです。

投資家がその専門的知識によって階層化されるように、労働力という単一の概念も、細分化されねばなりません。投資家向けのＩＲは、企業が活用できる知的資本と知的労働の質量を説明することになります。技術の発展は、異なる質の労働者が参入することでもあります。標準化した生産方法や販売方法の確立は、商品が市場に普及する段階ですが、テーラーの科学的管理法から見られるように、人間の労働力の均質化でもあります。知的労働として評価された特殊な人材が、市場による標準化した尺度で評価可能になるのです。労働の質の標準化は、投資家のリスク階層を拡げ、多くの投資家を呼び込むことになります。それは資本コストの低下を伴います。

新古典派的な均衡市場は、標準化され、細分化された労働を、極限まで短縮化した時間の中で捉えます。分業の過程をミクロの単位で分割すると、労働者各自が担当する仕事は一瞬の活動です。一瞬は学習や模倣の時間も存在せず、取引コストを無視することで、新古典派経済学の原子論的な市場競争となります。

時間の問題を考慮しなければ、投資の経済計算は意味を持たなくなります。しかし、起業家的な生産活動は、試行錯誤的な知識と技術の擦り合わせであり、時間のかかる活動です。時間をかけた生産活動は、商業化する時間も考慮しなければなりません。投資の経済計算は、主観的な起業家の描いた時間を他人に認めさせようとする葛藤でもあるのです。

上場企業の起業家的投資

起業家的投資家は、オーストリア学派に見られるような商人的投資家です。それは、市場におけるキャッシュフローの流れを変える均衡破壊者であり、新たな均衡を模索する裁定取引行動の主役です。キャッシュフローの流れの変更とは、財・サービス市場におけるキャッシュフローの変化でり、資本市場や労働市場といった生産要素市場における資源の流れを変化させることになります。具体的な場面は、取引相手の変更であり、これまでの利害関係者とは異なる調整が生まれます。

均衡市場の理論的フレームワークでは、この流れが止まった時点を捉えます。主観的な起業家の将来を不特定多数の投資家が共有し、同じ夢を描いていると考えるのは、かなり無理があるでしょう。

ベンチャーから上場までの起業活動とは異なり、既に上場している大企業でも、起業家的なプランの提案が行われます。潤沢なキャッシュフローを稼得している大企業が、起業家的な事業を実施する場合、その資金は内部留保から拠出されることが多いのですが、内部留保も株主に帰属しますから、その説明責任は果たさねばなりません。

経営者の説明に納得しない株主は、株主総会で発言することもあります。しかし、一般的な投資家は議決権行使に関心がなく、不本意なら株を売却するでしょう。経営者の計画は、不特定多数の投資家に開示され、リスクとリターンを勘案した売買が行われ、株価の騰落により投資計画の賛否が示されます。売買の過程は、ベンチャー企業が新たな株主を迎い入れるのと同じく、他の投資家の評価を受け入れることでもあります。

経営者が投資計画を提案すれば、資本コストは変化しています。提案前の資本コストは、既存事業の稼得する過去データに依拠したキャッシュフロー予想です。新規提案後の将来キャッシュフローは、過去のデータと繋がりません。新規事業の規模が大きければ大きいほど、資本コストは異なる値になるはずです。繰り返しますが、過去の資本コストは、新たな事業計画には意味をなさないということです。しかし、問題はそれだけではありません。

一般的な株式市場における売買成立は、客観化した価値尺度と見なされますが、それは平均収益率を想定する美人投票的な株価形成です。期待値や標準偏差などの標準化したモデルが普及すると、投資家は株価モデルに合わせて市場価格を評価し、機械的プログラムにより、これを客観的均衡価格と見なそうとするでしょう。想定された株価に向けて売買が行われます。その主役は機関投資家です。

機関投資家は、資本市場のモデルを研究している専門家集団が意思決定をします。機関投資家の取引が増加すればするほど、市場価格は理論モデルに誘導され、モデルが現実を決めるという逆転した事態が起こります。市場の客観的評価と言っても、多くの投資家の資金を集める機関投資家の評価であり、金融機関で給与をもらう「金融専門家」の評価に基づいています。

個々の零細な投資家が主観的評価をぶつけ合う市場ではありません。「目利き」投資家の売買でもありません。投資対象の企業には、知識や経験など多種多様な言語を持ちますが、金融のテキストで学習した「金融専門家」がこうした質的情報を均質な数値情報に無理やり変換し、機械的に理論モデルに代入することで売買が繰り返されます。取引に占める機関投資家の売買高は多いため、機関投資家が利用するモデルが市場価格を左右することになります。割高や割安という表現は、「金融専門家」の利用するモデルを尺度にしています。

しかし、機関投資家の利用するモデルは、株価や資本コストを測定できるのでしょうか。資本資産価格の均衡理論を利用する限り、これまでの説明と同じです。モデルに代入できる数値は、過去の株価の動きでしかありません。過去の業績は、過去の投資家の利潤・損失であり、新たな投資家は未来の機会を選択するのです。過去情報に依拠する機関投資家の理論モデルが投資家の意思決定に影響を及ぼすとすれば、資源配分は過去に引きずられることになります。

商人的活動と投資の経済計算

新規事業の創造は、市場に代替的機会が存在しないため、取引コストは無限大となります。他社からの調達機会が存在しない新規事業は、自社生産を選択するしかありません。しかし、通常の事業は、その取引コストがゼロと無限大の間にあります。

企業が市場平均を上回るキャッシュフローを稼ぐには、他社から購入する以上の生産性を実現しなければなりません。その判断基準は、将来キャッシュフローですが、これを予想する上で重要なのは、財・サービスといった商品の価値です。その価値は、どれほど素晴らしい商品でも顧客の需要に繋がらねば意味がありません。

商品が生産されると、これが自動的に販売され、キャッシュフローを稼得すると考える起業家は成功しません。商品を生産する資本は、製造原価や売上原価となりますが、これを販売するノウハウや営業活動に従事する従業員、広告の企画やプロモーション活動に関与する従業員、こうした販売活動の管理経費など、営業活動にかかるすべての諸経費を賄わねばなりません。販売費および一般管理費は、キャッシュフローの回収に時間がかかるために必要とされる生存基金です。それは、商業資本の存在意義を考えさせてくれます。

起業家の最初の難題は、完成した商品を顧客に届けることです。エンジニア出身の起業家は、製造原価を中心に事業の計画を策定するでしょう。自分の作る画期的な製品に過剰な自信を持つかもしれません。夢のような売上高を想像します。しかし、実際には、どれほど良い商品も、顧客に知らせることが出来なければ売上には繋がりません。その実現には、商人的活動が必要になるのです。

画期的な商品であれば、これを顧客に説明し、販売するコストは、既存商品の販売コストを大幅に上回ります。新たな商品を顧客に説明し、既存商品と入れ替える活動は、時間を要し、これを維持する生存基金としての運転資本が必要になるのです。それは、市場の取引コストです。イノベーティブな事業の投資計画は、既存事業の更新投資とは異なり、運転資本の割り増しが求められます。

商業資本の蓄積と評価は、投資の経済計算にとって重要です。過去の顧客情報や上得意顧客の存在、そして企業間信用等の状況は、商品の普及に重要な要素となります。ベンチャーの出口として大企業に事業を売却するのは、蓄積した商業資本によるシナジー効果を考慮した結果です。商業資本の蓄積は、のれんの評価ですが、売上に結び付く可能性の多寡によって評価が変わります。この評価を高めれば、投資家の資本コストは切り下げられます。

事業プランは、環境分析と自社の能力を相対的に把握しながら策定され、その実現可能性を検討します。事業評価の分析手法で問題を整理し、キャッシュフローを見積もりますが、新規事業では、新たな取引先との契約交渉や適法性なども含めてキャッシュフローを予想することになります。

起業家や経営者は、生産活動と販売活動に関する迂回生産の可否を評価し、自社の活動と他社に委ねるものを選択します。材料採取や部品生産、さらには機械設備に至るまで、内製と外注を秤にかけるわけです。自社の能力（コアコンピタンス）と他社のそれを比較し、生産資本の能力が高く、商業資本の蓄積がなければメーカーとなり、その反対の企業は商業活動に徹することになります。それは取引コストに基づく機会選択です。

この意思決定は、製造原価を決定するための選択的行為や販管費及び一般管理費のすべての勘定項目が選択肢となります。起業家の機会に関するすべての選択的結果がビジネスプランの優劣となり、投資プロジェクトの価値となるのです。機会選択の結果、投資計画が採択されると、企業組織は成長・拡大することになります。

起業家精神が発揮できない大企業

株式会社が上場し、不特定多数の投資家の評価を受けるようになると、起業家的な活動を評価する「目利き」投資家から、機関投資家や有価証券報告書も読まない個人投資家が市場の主流派となります。ネットバブルや大衆の人気を集める会社の株が取り引きされ、新規の事業計画も経営者の根拠のない強気の発言に左右される大衆投資家の市場が形成されます。

専門的な知見を持つ投資家を説得できても、均衡モデルに与する機関投資家や大衆資本家の支持を得ることができなければ、魅力的な投資計画は実行されません。成熟した大企業では、一般投資家向けのＩＲ活動が、組織内の資源配分を変更させるのです。一般投資家の説得には、従業員の協力も得なければなりません。外部の利害調整も必要になるでしょう。

これらのコストは、大企業になればなるほどかかります。それは、大企業が組織内部の新規事業を諦め、ベンチャーの買収等を選択肢に入れる理由でもあります。起業家精神を発揮するのは、ベンチャーということであり、ベンチャーの買収は大企業内部の「目利き」経営者が担うことになるのです。この主観的な評価プロセスは、市場の理論モデルではなく、起業家的ベンチャー経営者と大企業内の起業家的経営者の相互交渉によるアートの世界なのです。

[注]

（1）財務数値やアナリスト予想を株価モデルに代入して、現在の株価から資本コストを算出する方法です。しかし、分子の将来キャッシュフロー予想と分母の資本コストは同時決定であり、逆算して求められるものではありません。

（2）多様なリスク・ファクターにより株価を説明するモデルです。各ファクターは特定しませんから、ファクターの数が増えると株価の説明力は高まります。各ファクターは、市場における競争によって裁定機会が消滅した均衡市場が想定されます。

（3）Cf., Wahlroos, B.（2015）邦訳（２０１９）、１８９ページを参考にしています。

（4）均衡理論は操作的モデルではなく、循環論的なモデルであるという主張に関しては、Machlup, F.（1967）を参照してください。亀川（２０１８－ｂ）は、Machlup に依拠して資本コストの測定問題を考察しています。

（5）Bernstein, Peter L.（2009）では、Paul A. Samuelson の言葉を借りて、αとβの区別の難しさを指摘しています。

第13章　国家権力と株式会社はグルなのか
―貨幣の発行と株主の富―

私有財産と貨幣

私有財産の特定と保障は、市場経済に必要不可欠です。しかし、個人の特定なしに私有財産制度は確立しません。国籍などによって、国民を認識し、その財産を保障するのが国家です。

個人の特定は、個人情報と関係します。写真照合や生体認証によって個人の特定ができても、特定の個人とその財産を結びつけねば意味はありません。プライバシーの問題とは、なかなか厄介な問題です。

盗まれたカバンを見つけても、これが自分の所有物であることを証明するのは難しいでしょう。現金のように、特徴のない標準的形態の財産になれば、なおさらです。お金には色も名前もついていません。しかし、これを区別できなければ、売買取引はできません。銀行などの口座管理が重要になる理由です。

私有財産を交換する市場制度は、個人とその人の財産を結びつけることが重要な問題です。国家は財産権を保障する権力により、その役割を果たします。市場取引の対象となるモノが、相互に所有されていることが前提になります。資本主義社会では、財産権の不可侵を基本として、貨幣を介した交換取引を行います。市場取引は売買取引となり、貨幣に価値を与え、貨幣価値に換算した財産を交換します。貨幣が市場取引を媒介するため、貨幣なしには社会活動を営めません。貨幣は、国家権力の証となるのです。

貨幣を手元に保持していても、その所有権を証明できません。言い換えると、現金取引は、所有権を証明せずに、多額の取引が可能になります。所有権の証明を必要としないため、個人を特定することも必要ありません。犯罪集団の違法取引でも現金取引は可能です。

しかし、数億円もしくは数十億円の取引となると、運搬コストのみならず、紙幣を数え、偽札があるか否かを鑑定する労力が必要になります。便利なはずの交換手段も、その取引コストは高いものになるでしょう。そのため、高額取引は、一般的に紙幣で行わず、銀行口座を介した取引となります。銀行取引の停止が、事実上の倒産となるのは、売買ができなくなるためです。

口座開設は、個人や法人の特定が必要とされます。個人は、運転免許証やパスポート、住民票などで個人を特定します。法人の場合には、商業登記簿謄本や定款、代表者の実印などを求められます。それらは国家が個人や法人とその財産を結び付けるための手続きです。犯罪取引は、人気のない闇夜にスーツ・ケースに入るお札で行われます。

現金取引がマネーロンダリングの温床になるのは、貨幣を発行する法治国家にとって由々しき事態です[1]。国家権力の証である紙幣や鋳造貨幣が、犯罪者を助けてしまうのです。口座を介したキャッシュレス取引は、自然人や法人の財産を紐づかせるため、国家権力の行使には有効な手段でしょう。もちろん、暗証番号やカード偽造などの新手の犯罪を取り締まる必要があります。

しかし、国家がデジタル通貨を発行し、これを管理するとなれば、取引に関する個人情報を国が掌握し、管理することになります。一部の権力者が、自らの利害のために個人情報を利用することも危惧されます。犯罪の抑止は権力者に個人情報を集中させます。防犯カメラの設置問題は、貨幣の情報管理にも当てはまる問題なのです。違法取引の排除とプライバシーのバランスが問題となります。

市場取引の道具となる貨幣

貨幣の価値を知るには、物々交換との比較が必要です。物々交換は偶然の交換しか成立しません。たとえば、A氏が自分の所有するX（寝具）と交換にW（衣服）を欲しいと考えているとします。A氏はWを所有している人を探さねばなりません。Wを所有するB氏を見つけても、B氏がWを手放すとは限りません。B氏は自分にとって不必要なモノとは交換しません。B氏が欲しているのはY（調理器具）であり、YとWの交換を希望しています。

A氏はYを手に入れなければなりません。その後、様々な情報を入手して、C氏がYを所有していることが分かりました。しかし、C氏もXを交換対象には選んでくれません。C氏はZ（机）を欲していました。そして、偶然にも、XとZの交換を容認するD氏が見つかりました。奇跡的な出会いです。

A氏はXとD氏のZを交換し、ZとC氏のYを交換し、B氏のところに行って、YとWを交換してもらうことになります。A氏とB氏のWとXの交換は、C氏とD氏という交換に遡ることで可能になりました。物々交換が思い通りに成立するには、こうした時間をかけた長い交換取引の連鎖が必要になります。このリードタイムは、A氏の取引コストであり、これを短くする工夫が求められたのです。

私が欲しいモノと交換相手が手放して良いモノが一致し、交換相手が欲しいモノと私が手放して良いモノが一致する。これは二重の偶然です。滅多にない偶然の一致を解消するためには、誰もが受け取ってくれるモノ、すなわち貨幣が必要になるのです。貨幣は交換経済に必要不可欠な存在であり、貨幣なしの交換は、想像し難いほど高い取引コストとなるでしょう。

市場は、直接的な物々交換を貨幣による間接的な取引に置換えました。この迂回的な交換は、私有財産による分業を効率化します。市場の取引コストを低下させる貨幣は、交換のための優れた道具であり、社会的資本となります。

貨幣は国家権力によって作られた交換の道具ですから、貨幣を失えば国家権力を失います。国の経済政策は実施できません。ドルが国際基軸通貨であれば、米国の権力はグローバル市場に影響力をもちます。EUの共通通貨ユーロを導入した国は、自国の経済活動に関する裁量権を制限されることになりました。

通貨の統一は市場の統一であり、労働や資本の自由な移動を前提とします。外国為替の変動により制限されていた資源が、通貨の統一によって自由に移動することになりました。しかし、市場統合は、貧しい国の資源を富める国に移動させました。結果として、ユーロ圏内の国家間格差が拡大したのです。中国の人民銀行やファイスブック(2)のデジタル通貨に対し、各国が警戒感を持つのは当然なのです。

政治的に不安定な国家は、その貨幣価値も不安定になります。価値の不安定な貨幣は、取引を媒介する機能を果たせません。機能不全の貨幣では市場は活性化できず、効率的な資源配分も実現できません。乱高下する暗号資産は、投機対象とはなりますが、決済手段には向きません。

国家は、市場が円滑に機能を遂行できるように貨幣を管理しなければなりません。貨幣価値の管理は、国家権力の行使に必要不可欠なのです。特定地域で産出するモノを交換可能にする範囲は、国家の権力が及ぶ国境となります。国家は、貨幣による売買取引によって、自国の分業経済を成立させ、統治するのです。

貨幣資本の供給は仕事を増やす

貨幣は交換の摩擦的要因を除去する道具ですから、摩擦のない市場理論には登場しません。そこでは、貨幣は実体経済に影響を与えないヴェールに過ぎません。しかし、貨幣が効率的取引に資するのであれば、貨幣管理の巧拙が国家の生産性に影響を及ぼします[3]。

何が貨幣として適しているのか。人類は時間をかけて試行錯誤的取引を繰り返しながら、希少な貴金属である金貨や銀貨に辿り着きました。交換対象よりも嵩や重量があると、交換は苦労します。原始時代の交換に大きな石の貨幣を転がす漫画が描かれますが、これでは頻繁な交換はできません。腐敗や質が変化する物質も貨幣には不向きです。貯蓄ができないモノは、物々交換と同じく、その場で交換しなければなりません。価値を測定するためには、均質に分割できる素材が望まれます。

国家権力が銀本位制や金本位制のような貨幣制度を確立すると、銀や金という希少な貴金属の採掘が必要になります。鉱山を発見し、これを採掘して精錬する作業は手間がかかります。現在でも、金の希少性が価値をもたらしています。多くの人が金に魅力を感じると同時に、時間をかけて採掘し、不純物を取り除くコストが必要になります。そして、その価値を鑑定して評価する仕組みが金の市場を形成します。

希少性は必要ですが、ある程度の産出量がなければ、すべての生産物の交換媒体にはなりません。100人の交換に利用できるモノも、1000人分の交換に使うことができなければ、市場取引は制限されます。交換経済を活発化するには、交換を媒介する貨幣も増やさなければなりません。貨幣の生産量が、売買や生産量を決めることになります。

グローバル化した世界の取引量を賄うには、物品貨幣の金は十分ではありませんでした。金の採掘と精錬技術が、すべての商品の生産量や取引量を制限してしまうのです。これでは本末転倒です。交換を活性化し、労働生産性を高めるために貨幣が必要とされたにもかかわらず、貨幣供給が市場経済にブレーキをかけることになります。

しかも、金などの物品貨幣は、モノ自体に価値を見出してしまい、経済に問題が起こると貯蔵されて退蔵貨幣となります。供給されず金庫にしまい込まれるため、金の価値が上昇します。市場取引を効率化させるべき貨幣が、市場取引を収縮させることになるのです。

この問題を解決したのが、金と兌換しない不換紙幣です。国家権力を背景とした不換紙幣は、中央銀行によりコントロールされる貨幣です。貨幣の適切な供給が、市場経済を活性化し、労働時間の短縮に貢献することになります。

国家権力による不換紙幣は、それ自身に価値がないので、これを手放してモノやサービスと交換しようとします。市場取引が滞るときに発行され、使用されると市場が刺激されます。貨幣が取引の道具であり、取引のための資本と認識されるのであれば、貨幣資本は利用されるたびに減価することも理解できます。

貨幣は貯め込むのではなく、手放すことで市場が活性化することになるのです。貨幣の供給が増えると、その価値は低下します。貨幣価値の下落は、貨幣が交換手段として利用されていることの証です。貨幣は自分の身を擦り減らすことで取引に貢献し、市場経済を成長させているのです。貨幣を手放すことで、財・サービスの生産に繋がるのです。

国の管理する財政政策と金融政策は、いずれも貨幣支出をコントロールしています。ケインズの砂上の楼閣は、未利用の資源を有効活用せずに、貨幣の支出だけが増加します。それでも、無駄ではありません。貨幣を受け取った人間が、これを財・サービスの購入資金に用いれば、市場取引が刺激され、経済成長が実現します。

貨幣を受け取った人は、一部を手元に残しますが、そのほとんどを現在の消費と将来の消費に使用します。現在の消費は小売店で使われ、お店のレジに入り、そこから様々な人の支払いに充てられます。将来の消費は、資本財の生産に従事する様々な人に支払われます。支払われた貨幣は、受取人がいるため、再び支出に回ることになります。この支払いと受け取りの連鎖は、仕事を託すことを意味しているので、市場が活性化されるというわけです。

もちろん、国が管理する貨幣は、財産価値を認識できなければ所有しません。減価が著しい資産は、価値のある資産と交換すべきです。貨幣価値の減耗が激しくなるとハイパーインフレーションと呼ばれ、貨幣を保有しようとはしません。国家権力を象徴する貨幣価値の喪失は、国家それ自体の凋落です。したがって、国家は、急激な貨幣価値の下落を回避し、漸進的で緩慢な貨幣価値の低下に誘導しなければなりません。中央銀行という制度は、貨幣という無形資本の形成を通じて国家を支えているのです。

貨幣は、デジタルになることで、貨幣の運搬や交換、計算や管理が容易になってきました。鍵のついた金庫からパスワードに守られる仮想金庫に保管されています。銀行強盗は拳銃を片手にもつ暴力的犯罪から、ネット上の技術的な知能犯に代替されました。その防衛手段に失敗すれば、取引コストの低下を実現できません。国家権力の行使には、最高水準の技術的なノウハウを確保する必要があるのです。

株主と貨幣供給者の関係

国家独占資本主義という言葉があります。経済がグローバル化する中で、国家の役割も重要になってきました。政治家と官僚機構は、巨大企業と利害を共有することで、自己利益を追求します。国際競争のための巨額な研究開発投資は、大学や研究機関に投入される税金でカバーされます。

新たな法律の施行は、資源の流れをコントロールできます。生産すべき財・サービスには補助金の支給や減税を行い、抑制すべき財・サービスは規制や課税を強化します。

税金や補助金といった貨幣供給だけでなく、取引のルール作りも国家権力が関与します。商品は、多くの商品を淘汰することで普及し、標準的なものとして認知されます。自由な競争で勝ち残れば、それが標準と見なされます。事実上の標準と呼ばれるデファクト・スタンダード（de facto standard）の商品です。しかし、標準化は、個々の企業による競争の結果とは限りません。EVの充電規格やスマホの通信規格など、様々な商品は、標準化した規格を持つことで市場を拡大させます。各国政府への積極的な働きかけや交渉によって、国内企業の製品やサービスが標準規格になれば、グローバル市場における占有率を高めることができます。国際機関や国が管理する標準は、デジュール・スタンダード（de jure standard）と呼ばれます。それは、市場競争の結果ではなく、市場を創り出す権力が生み出す標準です。

様々な法律が施行され、私企業の戦略に影響を及ぼします。国家権力の拡大は、国の財・サービス需要を増やし、税負担を増加させます。税収期待は、国家の貨幣発行を担保し、貨幣発行が市場経済を活性化し、企業の競争力を高めます。国家の役割を果たすことができれば、企業の生産した成果の一部が利子のように税として徴収できるのです。国家は、私企業の利潤、つまり株主の富を増減する権力を握り、その組織を更に拡大することになります。権力と株式会社が繋がるとき、資源配分は市場とは異なる流れを形成するでしょう。

18世紀初頭のジョン・ロー（Jhon Law）による国家財政の危機回避と金鉱探索を目的としたミシシッピー会社という株式会社の設立は、こうした説明の具体的事例かもしれません。

国庫が破産状態にあった1716年、ローは銀行設立の権利を与えられ、政府の経常費や国庫債務の引き受けのため銀行券を発行する権利を得ます。銀行券は金との交換を約束していることで、人気を博しました。この約束が履行されるには、銀行が収入を確保しなければなりません。そのために、ミシシッピー会社が設立されます。この会社は、金鉱を発見するという期待で株主を集めます。発行した株式の価値は、期待感のみで上昇しますが、この発行で集められた資金は、金鉱の探索費に充てられずに銀行券の発行による政府債務の返済に充当されたのです。

政府債務の返済に充当した銀行券は、ミシシッピー会社の株の購入に向かいます。国の借金が、銀行券により返済され、市中に出回った銀行券が、株式投資に向かう。この循環は、金との交換が可能であるという期待に基づいていましたが、ミシシッピー会社は金を採掘していません。銀行券が金に交換できないという情報は、銀行券と株式の価値を暴落させるのです(4)。

現在、銀行券は中央銀行が発行する通貨です。金と交換を約束してはいませんが、通貨発行量を調整できれば、株式の価値を管理できます。中央銀行が国債や株式購入を行えば、金融資本市場に貨幣が供給され、国債や株式の価格が上昇します。特に、景気後退期には、モノが余っているため、貨幣は実需に向かいません。不動産や株などの資産価格を上昇させることになるのです。資本家の富は上昇しますが、実需は増加しませんから、労働者の所得増加は期待できません。

不換紙幣は、国家による金融政策に裁量権を与えることになりました。景気が悪化すると、金融を緩和し、金融資本市場への貨幣供給により貨幣の値段である貨幣金利を引き下げます。景気の悪化は、モノ不足ではなく、モノ余りが原因ですから、金利を下げても、直ぐには企業の投資需要に反映しません。

企業の供給能力に余裕があるため、供給された貨幣は金融資本市場に滞留します。現金がタンス預金や当座預金に積み上がっても、企業利益にはなりません。投資家は、さらなる金利低下を期待して、不動産や株式・社債などの金融資産を購入します。資産価格の上昇期待は、貨幣供給を増やし続ける限り持続するでしょう。

株式市場を梃子にする巨額の資本調達は、こうした状態を創り出す不換紙幣の供給によって可能になります。実体経済への行き場を失った過剰な貨幣供給は、株式などの金融資本市場と不動産市場に流れ、資産価格を膨張させます。金融関係や不動産関連会社に資源が集中しますが、溢れ出す貨幣は夢を追うベンチャーへの投資資金にもなります。

しかし、夢の多くは実現しません。それが過剰な期待であったと反省するとき、失望した大衆投資家は、金融資本市場から貨幣を引き上げるでしょう。ミシシッピー会社の事例と同じです。臨界点を超えた資産価格は暴落し、税を支払わない多くのベンチャーが清算され、税を支払っていた労働者が解雇されます。

それでも、狡猾な投資家は、ほくそ笑んでいるでしょう。資産価格の上昇を見計らい、一般投資家が参入する頃には手仕舞いをしています。これ以上の貨幣供給が期待できないと見越した時点で株式は売却され、現金保有に変更して儲けを確定します。「目利き」投資家は、一般投資家の参入により技術の優位性が薄れたことを認知するのです。「目利き」投資家が保有する貨幣は、新たな起業家を探索する一時的な状態です。大衆を扇動し、一般投資家の興味をそそる投資機会を探索しているのです。

上場は現在の貨幣を未来に繋げる

貨幣は、現在財と将来財の取引コストを引き下げることができます。自分自身の現在消費ではなく、他人の現在消費のために貨幣を貯蓄すれば、資本財を生産しなくとも資本家となります。ただし、貨幣のままの貯蓄は意味がありません。貨幣供給が増えれば、貨幣価値は低下します。減価する貨幣を貯め込むのは不合理です。貨幣は消費財と交換するだけでなく、株式に変換することで、その価値を低下させ続けています。貨幣価値の低下は、貨幣が役割を果たしている証なのです。

貨幣経済は、資本をどのような形にも変更できます。参入と退出は、資本を生産する能力や技術を持たない人を株式会社の資本家にします。貯蓄を容易にした貨幣の存在が、多くの資本家を誕生させました。貨幣の登場は、株式会社という制度により資本蓄積を促したのです。

市場の原理に従い、投資に成功した株主が所得を受け取り、豊かさを享受します。しかし、株主の富最大化が、社会の豊かさに繋がるには、貨幣的な増減では意味がありません。起業家的な活動が発揮され、これを実現できなければ、実質的な生活の豊かさには繋がりません。「目利き」投資家が創業者利得を得るように一般投資家を巻き込む必要があります。

創業起業家は、特定の環境条件で生まれます。生物の進化のように、これまでの遺伝子を受け継ぐわけではありません。必然というよりは偶然かもしれません。物が余る豊かな世界に、新たな不足を発見する欲深き人物です。しかし、起業家自身には、この不足を解決する十分な能力を備えていません。

多くの人に、起業家と同じ不足の幻想を抱かせ、これを追い求めるように洗脳しなければなりません。幻想を実現できそうな人材をかき集めるために、投資家から資金を調達するのです。起業家は、慎重で緻密な計画者というよりは、楽天的で人を惹きつける情熱的な人間かもしれません。しかし、創業起業家が脚光を浴びるには、慎重な「目利き」投資家と彼を説得できる有能な経営者が必要になるでしょう。

人々に貨幣に価値がないことを説得し、株式との交換を勧めます。株式上場は、一般投資家の零細な資金を梃子にして、所有創業者に巨額利潤をもたらします。創業起業家と「目利き」投資家は、所有する株式価値の増加により、将来の利益を一括先取りできるのです。

しかし、その利潤は未実現の夢を期待したものでしかありません。新たな事業に従事する人々の生存基金が貨幣により確保され、投資家から調達した貨幣を事業に従事する人々に配分します。株式と交換された投資家の貨幣は、事業に従事する人々の生存基金として供給されるのです。その人々の能力が起業家と投資家の夢を実現できたときに、社会の実質的豊かさに繋がるわけです。

未上場の株式会社に出資する多くの創業者は、投資資金の回収期間にわたり利子所得を実現します。それは、生産活動に応じて享受する事後的な利潤であり、社会の豊かさを実現した結果です。堅実ではありますが、未来に向けて資源を移動するには時間がかかります。未来の仕事を確保するために、貯蓄に先行して、貨幣を供給できれば成長と発展が加速するでしょう。

株式会社は、未来のために供給される貨幣によって、その真価を発揮することになります。もちろん、その代償として、資産バブルとその崩壊という副作用を伴うことになります。

権力と「目利き」投資家

貨幣は国が発行する支払期日のない約束手形のようなものです。その価値は、税の徴収によって裏付けされています。手形を所有する者は、その譲渡によって欲しいものを手に入れることができます。つまり、貨幣を握る者は、市場の資源配分権を入手できます。

これは株式会社における1株1票の意思決定権と同じく、1円1票の買手の意思表示です。狡猾な投資家は、貨幣と株式を交換するタイミングを巧みに操ることで、資源配分の秩序を利用し、これを破壊することで利殖を得ようとしているのかもしれません。不特定多数の投資家を誘導するより、貨幣供給の権力者に向き合う方が手っ取り早いでしょう。

国家は、貨幣供給の権力を行使することで、1人1票の民主主義的な政治を実現できます。しかし、貨幣が税による回収を期待しているとすれば、市場経済と矛盾する発行が困難になります。コロナ禍における感染抑止と経済政策の対立関係は、この問題を示唆する出来事です。

国家による貨幣政策は、富裕層の富を増加させる一方で、国民の実質的な豊かさに貢献しないことが分かると、膨れ上がった資産価格は収縮することになります。その後始末は、一般投資家の損失や金融機関の不良債権処理、そして失業手当などの社会保障費の増加となり、その多くは国民の負担となります。

もちろん、貨幣資本を集めた一部の企業は、社会の豊かさに貢献するでしょう。成功企業の登場は、模倣者の参入や環境変化を促し、雇用を創出することになります。新たな欲望の充足が、新たな雇用先を生み出します。それは旧事業から新事業への資源の移動です。生産能力が変化したわけではありません。新たな需要が創出され、生産目的が変化したのです。労働者は、これまでのノウハウが通用しない新たな職場で働くことになります。変化に対応できる労働者は生き残れますが、対応できない労働者は失業します。

そして、再び過剰な生産活動を招き、事業それ自体の意味が失われます。発展や新陳代謝は必要ですが、それは労働者の能力を見直すことを意味します。引く手あまたであった人が、不要な人材となり、見向きもされていなかった人が脚光を浴びます。政治家が教育に口を出し、専門人材を育成するために、大学に学部ができ、大学院ができる頃になると、「目利き」投資家は手を引き始めるのでしょう。

起業家利潤が正当であるか否かを問うことは難しいでしょう。株式会社は、規模を増大させるたびに、追加投資の価値を低下させます。株式会社の規模拡大が容認される限り、所有者の富は増加の一途です。一方、従業員の賃金水準は、労働者の過剰供給が存在する限り上昇しません。知的労働と呼ばれる人たちも、教育機関が過剰供給に手を貸します。

新たな事業が旧事業の労働者を吸収できる限り、そして、国境を越えて、低賃金労働者を雇用できる限り、フライデーの賃金は、グローバルな最低賃金水準に収斂します。国境を越えて資本が移動するとき、先進国の労働者の賃金は最も低い賃金の水準に引っ張られるのです。資本家と労働者の格差は拡大し続けるのです。

組織規模が拡大し、株主が利潤を吸収する過程は、企業の余命を短くしていきます。恐竜となる企業は、自らの体を維持する食料を確保することに躍起になります。しかし、「目利き」投資家が新たな事業を発見すると、巨大化した企業組織は崩壊することになります。貨幣の供給先が変わり、恐竜に栄養を供給した一般投資家が富を失い、そこに従事する労働者は路頭に迷うことになるのです。資本主義の発展は、こうした新陳代謝を必要とするのです。

資本主義社会が民主主義的な社会と相性が良いのであれば、市場経済の成立と民主国家の形成とは軌を一にするでしょう。しかし、市場経済と民主主義社会は矛盾を内包しています。法に基づく市場秩序が、民主主義的な価値を反映するとは限りません。一部の権力者や富を掌握した一握りの人が、政治権力を利用して都合の良い制度を設計することがあるでしょう。ロビンソンは、権力でフライデーを支配するかもしれません。

根本的な矛盾の解消？

資本主義社会には根本的な矛盾があります。市場価格は、価格の高い商品に多くの資源を割り振ります。何が必要なのかは価格が決めるのです。1人1票の投票で決まるわけではありません。市場は1円1票で資源を配分します。購入されない商品は生産されないため、お金持ちの要求するモノは多く、貧しい人が欲する生産物は相対的に少なく生産されることになります。貧富の差が資源配分に影響を与えるのです。

市場の取引が円滑に行われることで、1円1票の制度は真価を発揮します。それは自己責任に基づく合理的経済人の活動範囲を広げることでもあります。職業選択に失敗した場合、失業は自己責任です。病気になった場合、その治療費は各自で賄う必要があります。警察官や救急車などの要請も、個々人の取引で決まります。市場への依存度が高まると、生活の仕方に格差が生じ、これを拡大する可能性を有しているということです(5)。

資本主義社会は、個々人の自己責任に基づき、私有財産を交換する意思決定が行われる制度です。その理念型社会は、すべてを市場に委ねる仮想空間の構築です。資源配分には、不特定多数の意思が反映されるのです。独裁者の主観的な好みや数名の計画者が決める社会主義社会とは異なります。

個々人の自由な機会選択と自己責任の社会というのは、魅力的に聞こえるかもしれません。それでも、自己責任については、慎重に考えておくべきでしょう。結果としての責任は、機会選択の意思決定段階の状況を考慮する必要があります。機関投資家は一般投資家の流れに影響を与えることができます。政治と機関投資家が、同じ方向を向くことができると、資源配分をコントロールできるでしょう。一定の政治的価値観に基づく資源配分です。

ＳＤＧｓやＥＳＧ投資でさえも、一般投資家を巻き込む活動は、先行した「目利き」投資家と政治家の利益に貢献するのです。価値観は、科学的に証明できるものではありません。あるべき世界は、宗教的対立のように正解がありません。投資ファンドは、顧客投資家に利するようなＥＳＧの投資基準を策定するかもしれません。

資本調達競争が行われると、巨大な株式会社が登場します。巨大株式会社の意思決定は個々人の自由な意思決定を反映しているでしょうか。経営者の意思決定は、民主主義的な価値観を反映しているのでしょうか。社会主義的な意思決定と異なるのでしょうか。株式会社が巨大化し、国境を越えて活動をすれば、株式会社の倫理観や道徳観が社会の秩序を形成するかもしれません。

株式会社における最高意思決定機関は、株主総会です。総会の意思は、1人1票ではなく、1株1票です。零細な株主は、議決権を行使しても意味がないと考えるかもしれません。あるいは、経営参加権には関心を持たず、配当や株式売買益のみに関心を持つかもしれません。1株1票で行う仕組みは、経済的利益を独占する仕組みを排除できません。議決権行使は、企業の継続性ではなく、所得格差に永続性を与えるかもしれません。

1人1票は、格差のない民主的な企業経営を実現するかもしれませんが、株主の負うリスクは反映されません。経営戦略に投資するか否かは、リスクに賭けて私有財産を投じるか否かであり、投資額に応じた議決権で評価しなければなりません。

株主総会の形骸化は、一部の株主の意向に沿う経営となります。それは、個々の株主や社会構成員に等しくプラスの影響を与えるとは限りません。株式会社のもつ負の側面は、格差と分断をもたらす資本主義社会の負の側面でもあります。

株式会社という制度は、不特定多数の株主の私有財産と特定の法人の財産を結び付ける制度を作り上げることになりました。株式会社という制度は、国家の枠組みの中で制度化されますが、国民一人ひとりと株式会社の利害が一致するとは限りません。株主という人格と経営者という人格、そして労働者という人格が、相互に利害衝突の場面を持つように、国籍を有する自然人と国境を越える法人との間の利害衝突が起こります。

国家は、市場経済による1円1票と、民主主義社会の1人1票の衝突を内包するシステムです。政府機能の一部は、経済的利害対立を調整し、市場の失敗を補完します。しかし、1円1票の仕組みは、市場経済という資本主義経済の本質なのです。国家権力が富める者に与すれば、国家独占資本主義は社会主義経済よりも権力者に恩恵を与えるかもしれません。最悪の事態は、株式会社の利益のために、国民を犠牲とする戦争に繋がる可能性すらあるのです。

[注]

（1）仮想通貨もしくは暗号資産も、私有財産の確認が難しい点が問題です。テロ組織の資金になることも考えられます。しかし、個人を特定する面倒な取引コストをかけないことで、交換は促進できるのです。

（2）Facebookのデジタル通貨は、２０２０年12月1日より「リブラ（Libra）」から「ディエム（Diem）」に名称を変更しました。

（3）貨幣に関する理論には、F・A・ハイエク（Friedrich August von Hayek）による貨幣の市場競争論やJ・M・ケインズによる流動性選好理論、M・フリードマン（Milton Friedman）のマネタリズムなど様々な理論が展開されています。

（4）Galbraith, J.K.（1990）の邦訳57ページから65ページ参照。

（5）政治的な思想と経済は密接に結びついており、新自由主義と呼ばれる思想は市場経済を拡大させると同時に、格差社会をもたらします。

意思決定者の価値観

社会システムがどのようなものであろうと、人間の社会生活に分業は必須な仕組みです。しかし、分業構造の生成過程は一律ではありません。分業の仕組みは自生的に発生することもあれば、意図的・計画的に策定されることもあります。いずれの場合でも、分業は投資決定によって形成されます。「見えざる手」による自然発生的モデルは、私企業の投資決定が市場を形成し、「見える手」を介した計画的分業は、権力構造による組織の形成となります。それは、個々人の欲望に委ねるのか、権力者に委ねるのかの違いかもしれません。

権力は、他人の意思決定権を奪う力と定義できます。「見えざる手」で説明される理念型の資本主義社会は、原子論的な個人が自由に意思決定します。私有財産の処分権は、所有者個々人に与えられる分権化した構造です。一方、私有財産を認めない社会では、私有財産は存在せず、社会という名のもとに権力者が財産の処分権を行使します。

もちろん、現実の社会は、両者のどこか中庸に位置しています。市場取引が分権化しているとしても、市場の取引主体となる企業は、経営者による計画的な組織内資源配分を行っています。個々人の意思決定権を束ねる権力者は、あらゆる社会に存在し、一定の役割を担っています。市場の「見えざる手」による交換であっても、至る所で組織が作られ、特定の経営者による指示や命令の下で活動をしています。

企業に雇用される従業員は、自らの自由裁量権が制限され、経営者の意思決定に委ねることになります。スミスのピン工場では、現場監督の指示に従い、受け取った仕掛品に手を加えて、速やかに次の工程に渡すことが求められます。工員は、監督や経営者の権力に従って分業を遂行するのです。企業組織は分権化した個人の意思決定を束ねています。

企業の組織化は、自立した個々人の権限と責任を経営者という特殊な役割に転嫁させることになります。資本主義社会は、個々人に職業選択の自由が付与されていますが、経営者は、雇用した従業員から、その自由の一部を奪うことになります。大きな権力は、多くの人々の自由裁量権を拘束することになります。専門経営者の役割は、託された機会選択権を上手に行使することです。

社会主義国家も、権力のすべてが中央に集中しているわけではありません。企業が子会社や孫会社を作るように、地方政府に権限が委譲されるとともに、市場機能も取り込まれています。権力者が強権を振るっても、未来への投資は簡単には集まりません。

80年代後半から90年代初頭にかけて、グローバル化が進展しました。それは、市場経済が世界に波及する過程でもありました。その波に飲み込まれるように、社会主義国家が崩壊していきます。市場経済が社会主義的な計画経済を凌駕したと考えられました。

しかし、社会主義国家が、分権化を進めれば、資本主義経済に移行します。反対に、資本主義国家が中央集権化していくと、社会主義国家となるでしょう。投資決定の権限のあり様が、社会の特徴と構造を決めることになります。いずれの投資も、人間の意思が働くため、そこには意思決定者の価値観が反映します。私企業の社是や社訓、ビジョンが、企業戦略に影響を及ぼすのは理解できるでしょう。

科学的分析には価値から自由になることが重要です。しかし、背後に存在する価値観を認識できなければ、権力者にとって都合の良い人材です。

市場の暴走を抑止する権力

資本主義社会は、自立を促す社会です。個々人の意思決定は自由ですが、その結果責任は意思決定者が負わねばなりません。しかし、意思決定権が完全に自由なわけではありません。何らかの権力が行使されると、個々の経済主体の合理性は貫徹できません。特定少数の意思決定者が、自己責任を回避する仕組みをつくり、暴走することがあります。

株式会社の仕組みは、その典型例です。株主は有限責任しか負わず、譲渡自由な株式制度によって、大規模投資による利潤を享受する一方で、失敗した場合の責任を社会に転嫁できます。

資本主義社会が最初に直面した問題は、まさに株式会社の膨張ゆえの結果です。私的利潤を追求するゲーム論的企業行動は、社会的利益と私的利益の矛盾を露呈したのです。企業は、競争を有利に進めるために有形・無形の資本蓄積に邁進します。パイが限られていても、他社が投資すれば、自社も投資せざるを得ません。投資を止めることは降伏と同じなのです。

結果は明らかです。需要を上回る供給が在庫の山を築き、費用の回収ができなくなります。投資競争が続く期間は好景気になり、投資期間の終了時点で供給過剰が発覚します。株式会社の規模拡大は、景気循環の山を高め、雇用を促進します。しかし、その反動に谷は深まり、多くの失業者をもたらすことになります。企業と投資家のゲーム論的競争の結果、資源配分上の矛盾を抱え込むことになります。

企業は株式市場を通じて資本調達を行い、生産設備の規模拡大や従業員の雇用を行います。それは、財務管理や人事・労務管理といった経営者の仕事です。市場の「見えざる手」から経営者の「見える手」へ移行することで、景気変動は大きくなったのです。

資本の参入と退出は、原子論的投資家の自由な意思決定ではなく、起業家や経営者に誘われた意思決定です。労働者は、個々人で仕事を決めるのではなく、経営者の雇用政策に従い、その職務を経営者に委ねます。

経営者の失敗は、経営者の手に委ねられていた資源を企業組織から弾き出します。投資資金は回収できず、労働者は失業します。Ｊ・Ｍ・ケインズの『一般理論』（１９３６）は、市場の不完全性を指摘しました。過剰な供給は価格低下に導くのではなく、生産物と生産要素の売れ残りを招いてしまうのです。市場の「見えざる手」による失敗は、経営者の「見える手」による失敗です。

経営者は、作れば売れるとは思っていません。供給が需要をもたらすというセイの法則（Say's Low）は、経営者には無縁の世界です。経営者は、生産した商品を必死に販売することを考えています。これは取引コストの問題です。

ケインズは、私企業の販売活動を補完し、取引コストを削減する役割として、国家による介入を提案しました。国家は市場のインフラ整備のみならず、販売戦略に失敗した経営者の後始末をすることになりました。過剰な生産要素の買手として、需要を管理する役割を担うことになります。国家は、市場と経営者の失敗を補完するため、私企業の意思決定に介入するようになります。国家権力は、その存在感を増していくのです。

国家が財産を所有するとき、個人の機会選択権は制限されることになります。国家という意思決定主体と個人の意思決定主体に利害対立が生じるのです。国家は個人の私有財産を保障し、その財産を維持し、最大化させるための制度設計を行う主体である一方、個人の機会選択に制限を与え、時には私有財産を制限する対立した存在になります。

国家とは抽象的な概念ですが、その実体は、特定の自然人が集合した利害関係者から構成されます。利害調整は市場機能を超えて権力闘争に与することになります。

民主主義と市場の対立

コストとリターンが私有財産に帰属すれば、市場取引が問題解決の手段となります。しかし、民主主義的な公平・公正な社会を実現しようとすると、コストの負担者とそのリターンの帰属を調整しなければなりません。社会保障などが典型例です。裕福な人の機会選択に任せていると、貧しい人の生活保障が顧みられません。教育や医療等に関しては、市場経済に委ねるだけでは満足な結果に繋がりません。

民主主義的社会にとって、国家の意思決定の範囲が拡がるのは止むを得ないことです。資本主義経済は、分権化した個々人の意思決定を尊重しますが、民主主義と市場経済は、必ずしも調和しません。私的財産の増加が社会の福利厚生に繋がらないことがあるのです。そのため、国家の介入は、自由な意思決定を制限します。

個々人は、国の意思決定に携わる特定の集団に隷属することになります。背後には、政治家の野望や官僚の利己心があるかもしれません。あるいは、エリート意識を持つ官僚が、凡庸な人間の取引よりも適切な資源配分を実現できると考えているかもしれません。

市場という舞台で黒子の役割を演じる政府が、主役級の注目を浴びるようになります。国家権力を担う政治家や官僚も人間です。自己の利益を追求するでしょう。仕事を作らねば所得はありません。無駄な仕事を作ることもあります。国民のための仕事という大義名分を振りかざして、民間企業の活動を抑制するかもしれません。企業の投資活動は、国家の権力者と無縁ではいられません。

しかし、新型コロナウイルスの感染拡大は、国家の役割を再認識させたはずです。感染リスクを抑える自粛生活は、市場経済とは矛盾する活動です。ワクチン開発が製薬会社の利益に繋がるとしても、開発投資を回収できなければ意味がありません。市場機能には限界があり、国家の資源配分が求められます。

資源と権力に影響を及ぼす「目利き」投資家

市場経済は、多くの人が意思決定に参加する仕組みです。各自の相対的に優れた部分を見つけ、各自がそうした部分に特化することで経済を発展させます。市場に参加する人が増えれば増えるほど、特化する部分は尖ってきます。専門に特化した企業は、限られた役割を担うようになるはずです。組織が大きくなっても、その役割は他者よりも尖る必要があります。専門性に特化したジョブ型雇用が真価を発揮します。

しかし、組織の役割は固定的ではありません。人間の欲望が管理できないとすれば、カリスマ的独裁者でも、確かな事業計画の策定はできません。人間の多様で無限の欲望を容認するのであれば、常に計画と結果は乖離し、その都度職務内容の見直しが求められます。巨大組織の統治は、人間の欲望によって変化を迫られるのです。

市場経済は、中央集権的経済に勝利したかに見えます。しかし、市場の中心的経済主体は、私有財産に責任を持つ原子論的な個人ではありません。個々人は、企業という組織に隷属し、経営の指揮命令下に身を置いています。各自は自己責任の意思決定を回避して、組織の意思決定に従い、法人組織の責任の陰に隠れます。従業員は経営者の共犯者となります。

上場した巨大企業の経営者は、大衆投資家の支持を得るために客観的数値情報に依拠しようとします。僅かな株価上昇で、使い切れない報酬を得る経営者は、危険な賭けを回避します。官僚機構と同じく、成功より権力を失う失敗を恐れるのです。経済発展の種は、大規模企業の経営者には蒔けないのです。

「目利き」投資家は、種を蒔かない大規模化した株式会社に旨味を感じません。たとえ、種を蒔いたとしても、時価総額の大きな会社への投資は、成功しても小さなリターンでしかないからです。企業が１０００万円の投資で10億円の価値を実現したとしましょう。時価総額1兆円の企業の場合、この投資に賭けて株式投資をしても魅力がありません。しかし、資本金ゼロの会社に１０００万円を投資すれば、１００倍の投資利益率になります。

「目利き」投資家は、小さなベンチャーに種を蒔き、ポピュリズム的投資家の人気を煽り、巨額の資本を調達し、大規模組織を実現します。「目利き」投資家は、成長限界の臨界点を認識し、こっそりと市場から抜け出します。大規模化した企業は、組織内資源を奪い合うことに血道をあげるようになります。経営者は縄張り争いの仲裁者となり、新規アイデアや閃きに回す資源配分の余地をなくします。経営者は、新たな欲望を感知できなくなり、身を守る保守的な意思決定をすることになります。

「目利き」投資家は、改めて起業家精神を発揮する投資先を発見し、経営資源の流れを変更します。それは、社会の新陳代謝を促し、資源を管理する様々な権限に影響を及ぼすことになります。

狡猾な投資家が逆選択を演出

企業組織は、起業家に扇動された大衆投資家を巻き込むことで急激に拡大します。組織の拡大は、経営者による計画と管理を必要としますが、人間の合理性がどうであれ、経営者は企業内外の人間を掌握できません。最終的には、経営者の誰かがジョーカーを引き、国家の出動を期待することになります。多くの大衆投資家は損失を計上するでしょう。しかし、狡猾な投資家は、組織への無駄な投資を認識し、利潤を享受して逃げ切ります。尻ぬぐいは、凡庸な投資家や税金を負担する多数の国民です。

資本蓄積の過程で、多くの人に財・サービスを提供するだけでなく、雇用機会も提供されます。株式会社が資本を集めることで、多くの人が豊かさを享受するでしょう。このプロセスは、投資家に利潤をもたらします。もちろん、経営者も、投資家と運命共同体です。地球規模に拡大する市場では、規模の経済性やネットワーク外部性、低賃金国への資本輸出により、限界費用を逓減させていきます。先行して巨大企業となることで、投資家の利潤は膨らみますが、労働者の所得水準は、グローバル市場に相対的な過剰労働力が存在する限り増加しません。グローバルな富の増加は、格差の拡大でもあるのです。

起業家が発信する将来のビジョンは、投資家向けのＩＲ活動です。その真偽は分かりません。実現するか否かは別に、夢を語る起業家に資本が集まり、経営者がその有り余る資本を運用することになります。真摯で控えめな起業家や経営者は資本調達ができず、節操のない起業家や経営者が生存基金を蝕むようにさえ思えます。ここに逆選択の可能性があります。正直な企業家は、狡猾な起業家や経営者により淘汰されるかもしれません。

市場は、公平、公正、平等などの概念には無頓着です。市場は不完全であり、私有財産制度での取引を前提としつつも、社会的費用を生み出し、社会に負担させることで私有財産を増やします。私的利潤が生みだした社会的費用は、新たな社会問題です。その解決手段は、起業家や「目利き」投資家の新たな活動領域となります。自らが作り出した社会問題で、新たな投資家の利潤源泉を創出するのです。

株式市場は熱狂することで活性化します。人気を集める経営者や企業に投資家が集中して投資し、株式時価総額の巨大企業となります。資金が集まれば、多様な人材を集めることができ、夢物語の実現が可能になるかもしれません。多くの人が、一つの目的のために結集し、その実現に努力する仕組みを構築できます。

投資家の多くが慎重に検討する市場は、特定銘柄への集中投資とはなりません。多くの企業が競争する市場環境を維持するはずです。しかし、米国の株式市場は人気先行型であり、狡猾な投資家に操られる大衆資本家がＧＡＦＡやステラの株式に群がります。

使い切れない貨幣資本が、カリスマと呼ばれる独裁的創業起業家の手中に集められます。金融リテラシーの高い投資家というよりは、熱狂に踊らされる投資家が発展をもたらすのかもしれません。リスク回避型の投資家が慎重に評価する日本の市場では、巨大企業の育成が難しそうです。

市場経済は、比較優位を探索しながら分業経済を発展させてきました。個々人の能力が最大限に活かされるはずの市場の時代です。しかし、その能力を活かし、結果としての成果を享受できるのは生存基金を提供する少数の投資家です。狡猾な投資家は、株式会社と資本市場の発展の中で、より効率的に利潤を獲得し、これを蓄積する資本家になります。彼らは、環境変化に俊敏に反応し、風見鶏のように投資先を変えることができます。資本家と生存基金を受給する労働者の関係は、加速度的に格差を拡大させています。それは、資本主義社会の矛盾なのでしょう。

しかし、利潤を獲得する投資家の活動がなければ、社会は発展しません。社会の発展は、物質的欲望の充足のみならず、医療や介護などの福祉社会の実現にも資するのです。投資家の利潤追求を諸悪の根源のように捉えることはできません。風を読み、社会に有用な仕事をもたらすのも投資家の役割なのです。

参考文献

Berle, A.A. & G.C. Means（1932）*The Modern Corporation and Private Property,* the Macmillan Company.（北島忠男訳『近代株式会社と私有財産』文雅堂銀行研究社、１９５８年）

Bernstein, Peter L.（2009）Capital Ideas Evolving, Wiley.（山口勝業訳『アルファを求める男たち—金融理論を投資戦略に進化させた17人の物語』東洋経済新報社、２００９年）

Bicksler, James L. ed.（1977）*Capital Market Equilibrium and Efficiency,* D.C.Heath and Company.

Bookstaber, Richard（2017）*The End of Theory: Financial Crises, the Failure of Economics, and the Sweep of Human Interaction,* Princeton Univ., Press.（長尾慎太郎監修、井田京子訳『経済理論の終焉　金融危機はこうして起こる』Pan Rolling, ２０１９年）

Brealey, Richard A. & Stewart C. Myers（2000）*Principles of Corporate Finance* 6th, Irwin McGraw-Hill.（藤井眞理子・国枝繁樹監訳『コーポレートファイナンス』第６版、日経ＢＰ社、２００２年）

Bühner, Rolf（2000）"Governance Costs, Determinants, and Size of Corporate Headquarters," *Schmalenbach Business Review,* Vol. 52, April.

Burnham, J.（1941）*The Managerial revolution: What is Happening in the World,* New York: John Day.

Campbell, J. Y., A. W. Lo, and A.C. MacKinlay（1997）*The Econometrics of Financial Markets,* Princeton Press.（祝迫・大橋・中村・本田・和田訳『ファイナンスのための計量分析』朝倉書店、２００３年）

Christensen, Clayton M.（1997）*The Innovator's Dilemma ~When new technologies cause great firms to fail~*, Harvard Business School Press.（玉田俊平太監修、伊豆原弓訳『イノベーションのジレンマ～技術革新が巨大企業を滅ぼすとき～』（増補改訂

版）翔泳社、２００１年）
Coase, Ronald H.（1937）“The Nature of the Firm,” *Economica*, N.S., Vol.4, No.16, repr.（1988）*The Firm, the Market, and the Law*, The University of Chicago.（宮沢健一・後藤晃・藤垣芳文訳『企業・市場・法』東洋経済新報社、１９９２年）
Dean, J.（1951）*Capital Budgeting, Top-management Policy on Plant, Equipment, and Product Development*, Columbia Univ. Press.（中村常次郎監修、一ノ瀬智司・岡本康雄・高柳暁訳『経営者のための投資政策』東洋経済新報社、１９５９年）
Fayol, H.（1917）*Administration industrielle et générale*, Paris: Dunod.（佐々木恒男訳『産業ならびに一般の管理』未来社、１９７２年）
Freedman, Milton & Rose（1980）*Free to Choose A Personal Statement*, Harcourt.（西山千明訳『選択の自由―自立社会への挑戦―』日本経済新聞社、１９８０年）
Fisher, I.（1930）*The Theory of Interest*, Macmillan.（気賀勘重・気賀健三訳『利子論』日本経済評論社、１９８４年）
Galbraith, J.K.（1990）*A Short History of Financial Euphoria*, Whittle Direct Book.（鈴木哲太郎訳『ジョン・K・ガルブレイス著、バブルの物語　暴落の前に天才がいる』ダイヤモンド社、１９９１年）
Gordon, M.J.（1962）*The Investment, Financing and Valuation of the Corporation*, Richard D. Irwin, Inc.（阪本安一監修、後藤幸男・野村健太郎訳『投資と企業評価』中央経済社、１９７２年）
Haley, Charles W. & Lawrence D. Schall（1973）*The Theory of Financial Decisions*, McGraw-Hill, Inc.
Harold P. Welsch ed.（2004）*Entrepreneurship The Way Ahead*, Routledge.
Heath, Joseph（2009）*Filthy Lucre: Economics for People Who the Capitalism*, HarperCollins.（栗原百代訳『資本主義が嫌いな人のための経済学』ＮＴＴ出版、２０１２年）
Harvey, David（2005）*A Brief History of Neoliberalism*, Oxford University Press.（渡辺治監訳、森田成也・木下ちがや・大屋定晴・中村好孝翻訳『新自由主義―その歴史的展開と現在―』作品社、２００７年）
Hayek, F.A.（1939）*PROFITS, INTEREST AND INVESTMENT—AND OTHER ESSAYS ON THE THEORY OF INDUSTRIAL FRUCTUATIONS*, Routledge & Kegan Paul, Rondon.（西山千明・矢島鈞次監修、加藤寛・林直嗣・細野助博訳『ハイエク全集２　利潤、利子および投資』春秋社、１９８９年）
Hebert R. and A. Link（1982）*The Entrepreneur: Mainstream Views and Radical Critiques*, New York: Praeger.（池本正純・宮本光晴訳『企業者論の系譜』ホルト・サウンダース、１９８４年）

Hicks, J.（1939）*Value and Capital, an inquiry into some fundamental principles of economic theory,* Oxford At the Clarendon Press.（安井琢磨・熊谷尚夫訳『価値と資本』（Ⅰ）（Ⅱ）岩波書店、１９７０年）

Hicks, J.（1965）*Capital and Growth,* Oxford At the Clarendon Press.（安井琢磨・福岡正夫訳『資本と成長』（Ⅰ）（Ⅱ）岩波書店、１９７０年）

Hicks, J.（1973）*Capital and Time: A Neo-Austrian Theory,* Oxford Univ.（根岸隆訳『資本と時間—新オーストリア理論』東洋経済新報社、１９７４年）

Holls, M. and E.J. Nell（1975）*Rational Economic Man: A Philosophical Critique of Neo-Classical Economics,* Cambridge Univ., Press.（末永隆定甫監訳『新古典派経済学批判』新評論、１９８１年）

Hume, David（1740）*A Treatise of Human Nature, being an attempt to introduce the experimental method of reasoning into moral subject.*（大槻春彦訳『人生論』岩波文庫、１９４８年）

Kamekawa, Masato（2012）“Leadership and innovation ~The present situation and problems of the Japanese economy~,” *Journal of Management Science,* Vol.3, Dec.

Keynes, J. M.（1936）*The General Theory of Employment, Interest and Money,* Macmillan.（塩野谷九十九訳『雇用・利子および貨幣の１般理論』東洋経済新報社、１９４１年）

Kirzner, I.M.（1970）*Perception, Opportunity, and Profit: Studies in the Theory of Entrepreneurship,* The University of Chicago Press.

Kirzner, I.M.（1973）*Competition and Entrepreneurship,* the University of Chicago Press.（田島義博監訳『競争と企業家精神—ベンチャーの経済理論』千倉書房、１９８５年）

Knight, F.H.（1921）*Risk, Uncertainty and Profit,* Boston: Houghton Mifflin Co.

Kornai, Jãnos（2014）*Dynamizm, Rivalry, and the Surplus Economy,* Oxford University Press.（コルナイ・ヤーノシュ著、溝端佐登史・堀林巧・林裕明・里上三保子訳『資本主義の本質について　イノベーションと余剰経済』ＮＴＴ出版、２０１６年）

Kuhn, T.S.（1962）*The Structure of Scientific Revolutions,* University of Chicago Press.（中山茂訳『科学革命の構造』みすず書房、１９７１年）

Lintner, John（1965）“The Valuation of Risk Assets and the Salection of Risky Investments in Stock Portforios and Capital Budgets,” *The Review of Economics and Statistics,* Vol.47, No.1.

Lutzs, F. & V.（1951）*The Theory of Investment of the Firm*, Macmillan.（後藤幸男訳『投資決定の理論』日本経営出版会、１９６９年）

Machlup, F.（1963）*Essays in Economic Semantics*, Prentice-Hall, Inc.（安場保吉・高木保興訳『経済学と意味論』日本経済新聞社、１９８２年）

Markowitz, H.（1959）*Portfolio Selection—Efficient Diversification of Investment*, John Wiley & Sons, Inc., New York.（鈴木雪夫監訳『ポートフォリオ選択論—効率的な分散投資法—』東洋経済社、１９６９年）

Marris, R.（1964）*The economic theory of managerial capitalism*, London: Macmillan.

Marshall, Alfred（1925）*Principles of Economics An introductory volume*, 8th, Macmillan and Co., Limited St Martins Street, London.（馬場啓之助訳『経済学原理』（Ⅰ）（Ⅱ）（Ⅲ）、東洋経済新報社、１９８０年）

Mayer, Colin（2013）*Firm Commitment: Why the corporation is failing us and how to restore trust in it*, Oxford University Press.（宮島英昭監訳、清水真人・河西卓弥訳『ファーム・コミットメント　信頼できる株式会社をつくる』ＮＴＴ出版、２０１４年）

Micklethwait, John and Adrian Wooldridge（2003）*The Company A Short History of a Revolutionary Idea*, A Modern Library Chronicles Book.（ジョン・ミクルスウェイト／エイドリアン・ウールドリッジ著、日置弘一郎・高尾義明監訳、鈴木泰雄訳『株式会社』ランダムハウス講談社、２００６年）

Modigliani, F. and Miller, M.（1958）"The Cost of Capital, Corporation Finance and the Theory of Investment," *American Economic Review*, Vol.48, No.3.

Myers, Stewart C. ed.（1976）*Modern Developments in Financial Management*, Praeger Publishers Inc.

Myers, Stewart C.（1984）"The Capital Structure Puzzle," *Journal of Finance*, Vol.39, No.3.

Myers, Stewart C. and Nicholas S. Majluf（1984）"Corporate financing and investment decisions when firms have information that investors do not have," *Journal of Financial Economics*, Vol.13, No.3.

Parker, David & Richard Stead（1991）*Profit and Enterprise*, Harvester Wheatsheaf.

Piketty, Thomas（2013）*Le Capital au XXIe siècle*.（トマ・ピケティ著、山形浩生・守岡桜・森本正史訳『21世紀の資本』みすず書房、２０１４年）

Raffee, H. /Abel, Bond（1979）*Wissenscaftstheoretische Grundfragen Der Wirtschaftswissenschaften*, Verlag Franz Vahlen GMBH.

（ハンス・ラファー／ボド・アベル編著、小島三郎監訳『現代科学理論と経済学・経営学方法論』税務経理協会、１９８２年）
Robbins, L.（1935）*An Essay on the Nature and Significance of Economic Science*, Macmillan and Co., LTD.（中山伊知郎監修、辻六兵衛訳『経済学の本質と意義』東洋経済新報社、１９５７年）
Rubinstein, Mark E.（1973）“A Mean-Variance Synthesis of Corporate Financial Theory,” *Journal of Finance*, Vol.28,（March）in Stewart C. Myers ed.（1976）*Modern Developments in Financial Management*, Praeger Publishers, Inc.
Simon, Herbert A.（1947）*Administrative Behavior*, Macmillan.（二村敏子・桑田耕太郎他訳『経営行動』（新版）ダイヤモンド社、２００９年）
Schumpeter, Joseph A.（1908）*Wesen und Hauptinhalt der theoretischen Nationalökonomie.*（大野忠男・木村健康・安井琢磨訳『理論経済学の本質と主要内容』（上）（下）岩波書店、１９８３年）
Schumpeter, Joseph A.（1926）*Theorie Der Wirtschaftlichen Entwicklung*, 2.Aufl., München.（塩野谷祐一・中山伊知郎・東畑清一訳『経済発展の理論：企業者利潤・資本・信用・利子および景気の回転に関する一研究』（上）（下）、岩波書店、１９７７年）
Sharpe, W.（1964）“Capital Asset Price: A Theory of Market Equilibrium under Conditions of Risk,” *Journal of Finance*,（September）.
Smith, Adam（1776）*An Inquiry into the Nature and Causes of the Wealth of Nations*（Adam Smith, Cannan, M.A., LL.D. ed. 6th（1950）*The Wealth of Nations,* Vol.1, Methuen & Co. LTD. London.（山岡洋一訳『国富論　国の「豊かさ」の本質と原因についての研究（上下巻）』日本経済新聞社、２００７年）
Solomon, Ezra ed.（1959）*The Management of Corporate Capital,* Graduate School of Business, The University of Chicago.
Taylor, F.W.（1911）*The Principles of Scientific Management*, Harper & Brothers.（有賀裕子訳『新訳　科学的管理法』ダイヤモンド社、２００９年）
Wahlroos, Björn（2015）*De tio sämsta ekonomiska teorierna. Från Keynes till Piketty,* Albert Bonniers Förlag, Stockholm.（関美和訳『世界をダメにした10の経済学　ケインズからピケティまで』日本経済新聞社、２０１９年）
Williamson, Oliver E.（1981）“The economics of organization: The transaction cost approach,” *American Journal of Sociology,* Vol.87, No. 3.
Williamson, Oliver E.（1975）*Markets and Hierarchies: Analysis and Antitrust Implications,* The Free Press, A Division of Macmillan Publishing Co., Inc.（浅沼萬里・岩崎晃訳『市場と企業組織』日本評論社、１９８０年）

池本正純（2004）『企業家とはなにか：市場経済と企業家機能』八千代出版。

伊藤修（1995）『日本型金融の歴史的構造』東京大学出版会。

伊丹敬之（2000）『日本型コーポレートガバナンス　従業員主権企業の論理と改革』日本経済新聞社。

猪木武徳（1987）『経済思想』岩波書店。

今西宏次（2006）『株式会社の権力とコーポレート・ガバナンス―アメリカにおける議論の展開を中心として―』文眞堂。

大塚久雄（1977）『社会科学における人間』岩波新書。

大月博司（2014）「企業組織の多様化における普遍性と特殊性」日本経営学会編『経営学論集第84集　経営学の学問性を問う』千倉書房。

岡田羊祐（2019）『イノベーションと技術変化の経済学』日本評論社。

角村正博編著（1990）『経済学の方法論と基礎概念』日本経済評論社。

梶脇裕二（2014）「企業経営における普遍主義と文化主義の相克を超えて―コミュニケーション共同体としての組織観とディスコース分析の意義―」日本経営学会編『経営学論集第84集　経営学の学問性を問う』千倉書房。

加藤俊彦（2011）『技術システムの構造と革新―方法論的視座に基づく経営学の探究―』白桃書房。

河野昭三（2014）「経営学は〝無用〟か?―その存在意義を考える―」日本経営学会編『経営学論集第84集　経営学の学問性を問う』千倉書房。

亀川雅人（1993）『企業資本と利潤―企業理論の財務的接近』（第2版）中央経済社。

亀川雅人（1998）『新版　企業財務の物語　ロビンソン・クルーソーの道案内』中央経済社。

亀川雅人（2006）『資本と知識と経営者―虚構から現実へ―』創成社。

亀川雅人（2008）「知的資本の評価に関する一考察―キャッシュフローの意義―」『立教ビジネスレビュー』創刊号、立教大学経営学部。

亀川雅人（2009）『ファイナンシャル・マネジメント―企業価値評価の意義と限界―』学文社。

亀川雅人（2011）「会計利益と株主価値～過去の成果と株主の機会選択～」『立教DBAジャーナル』第1号、3～17ページ。

亀川雅人（2013）「市場の標準化と企業の差別化―経営哲学のコスト論的アプローチ」『経営哲学』第10巻2号。

亀川雅人（2015）『ガバナンスと利潤の経済学』創成社。

亀川雅人（2017-a）「株主重視経営とROE経営の矛盾」『年報　財務管理研究』第28号。

亀川雅人（2017-b）「株主重視経営の意義と問題―イノベーションとコスト競争の相克―」『経済研究所　年報』第30号、成城大学。

亀川雅人（2018-a）『株式会社の資本論』中央経済社。

亀川雅人（2018-b）「資本コストの測定に関する方法論―企業財務研究の批判的考察―」『立教DBAジャーナル』第9号。

亀川雅人（2019-a）「日本企業における株主主権の意味と誤解」『経営哲学』第16巻2号。

亀川雅人（2019-b）「ROE経営の誤謬―資本コストとROEの無関連性―」『産業経理』（Vol. 79, No. 2）。

亀川雅人（2019-c）「コーポレート・ガバナンスの研究方法―経済的目的と制度研究の相克―」『創価経営論集』第43巻第1号（佐久間信夫教授退職記念号）。

亀川雅人（2019-d）「起業家と投資家―利潤源泉としてのIR活動―」『Disclosure & IR』（Vol. 11）。

亀川雅人（2020）「起業家精神と投資の経済計算」『立教DBAジャーナル』。

亀川雅人・高橋隆太（2017）「資本構成と資本コスト―企業の投資戦略と銀行の貸出制限―」『年報　経営分析研究』第33号。

木田元（2007）『反哲学入門』新潮社。

國島弘行（2014）「日本企業の危機と株主価値志向経営―日本的経営の解体と再生をめぐって―」日本経営学会編『経営学論集第84集　経営学の学問性を問う』千倉書房。

小林慶一郎（2019）『時間の経済学―自由・正義・歴史の復讐』ミネルヴァ書房。

小林英夫・岡崎哲二・米倉誠一郎・NHK取材班（1995）『日本株式会社の昭和史』創元社。

小出健一（2013）「アイデンティティ創出がもたらす制度変化」『日本経営学会誌』第31号、千倉書房。

小宮隆太郎・岩田規久男（1973）『企業金融の理論』日本経済新聞社。

齋藤直機（2004）「組織と市場の取引コスト分析― Williamson 理論とその展開過程を巡って（1）」『北海道情報大学紀要』第16巻第1号。

酒井邦嘉（2016）『科学という考え方』中公新書。

桜井英治（2011）『贈与の歴史学　儀礼と経済のあいだ』中公新書。

杉本栄一（1981）『近代経済学の解明』（上）（下）、岩波書店。

高橋正泰監修・高橋正泰・大月博司・清宮徹編（2020）『組織のメソドロジー』学文社。

田中真晴・田中秀夫編訳（1986）『F・A・ハイエク　市場・知識・自由―自由主義の経済思想』ミネルヴァ書房。

藤田敬司（2007）「オーストリア学派の主観価値説からみた公正価値会計の光と蔭」『立命館ビジネスジャーナル』（Vol. 1）。

藤田　誠（2016）「経営学における実証と理論」『経営哲学』第13巻2号。

本川達雄氏（1992）『ゾウの時間ネズミの時間』中公新書。

馬渡尚憲（1990）『経済学のメソドロジー　スミスからフリードマンまで』日本評論社。

宮島英昭編著（2011）『日本の企業統治』東洋経済新報社。

山下道子（2004）「経済成長と所得格差」『開発金融研究』第12号、11月号。

吉原正彦（2006）『経営学の新紀元を拓いた思想家たち』文眞堂。

著者紹介

亀川　雅人（かめかわ　まさと）

文京学院大学副学長 兼 経営学研究科 特任教授。

立教大学名誉教授（博士：経営学）。

著作は、『企業資本と利潤』中央経済社、1991年（第2版1993年）、『日本型企業金融システム』学文社、1996年、『企業財務の物語』中央経済社、1996年（新版1998年）、『入門経営財務』新世社、2002年、『資本と知識と経営者』創成社、2006年、『10代からはじめる株式会社計画』創成社、2008年、『ファイナンシャル・マネジメント』学文社、2009年、『大人の経営学』創成社、2012年、『ガバナンスと利潤の経済学』創成社、2015年、『株式会社の資本論』中央経済社、2018年、『経営学って何か教えてください！』創成社、2020年、など。

合理的な経済人と風を読む投資家
―時間の流れる市場が織りなす物語―

二〇二一年六月二五日　第一版第一刷発行

検印省略

著　者　亀　川　雅　人

発行者　前　野　隆

東京都新宿区早稲田鶴巻町五三三

発行所　株式会社　文　眞　堂

〒一六二-〇〇四一
電　話　〇三-三二〇二-八四八〇
ＦＡＸ　〇三-三二〇三-二六三八
振　替　〇〇一二〇-二-九六四三七番

製作　㈱真興社

http://www.bunshin-do.co.jp/

ISBN978-4-8309-5133-6　C3033